Dalai Lama

Das Leben tiefer verstehen

HERDER spektrum
Band 6345

Das Buch

„Sieh dich, wie du wirklich bist": Selbsterkenntnis macht uns frei von Täuschungen, lässt uns die wahre Natur der Dinge erkennen und führt so zu einem bewussten Leben. Dazu lädt der große Weisheitslehrer mit diesem Buch ein - tiefe spirituelle, psychologische und philosophische Einsichten sowie Meditationen und Übungen zu den zentralen Themen unseres Lebens. Sich selbst erkennen, das heißt auch, Einsicht zu gewinnen und das Leben mit neuen Augen zu sehen.

Der Autor

Tenzin Gyatso, 14. Dalai Lama, geb. 1935, ist nicht nur der wohl bedeutendste Repräsentant des Buddhismus, sondern weltweit unumstritten einer der großen Repräsentanten der Weisheit. Bei Herder spektrum u.a.: Der Weg zum Glück; Der Sin des Lebens.

Dalai Lama

Das Leben tiefer verstehen

Erkenne dich selbst und lebe gelassener

Herausgegeben von Jeffrey Hopkins
Aus dem Amerikanischen von Johannes Tröndle

FREIBURG · BASEL · WIEN

Titel der amerikanischen Originalausgabe:
How to See Yourself as You Really Are.
Original English language edition:
© 2006 by His Holiness the Dalai Lama and Jeffrey Hopkins,
Ph.D. Translated into English by Jeffrey Hopkins,
Ph.D. from the original Tibetan.
All rights reserved including the right of reproduction
in whole or in part in any form.
This edition is published by arrangement with the original publisher,
Atria Books, an imprint of Simon & Schuster, Inc. New York.

Die Redaktion wurde fachlich begleitet von Dorothea Nett.

Titel der deutschen Ausgabe:
Das Leben tiefer verstehen. Erkenne dich selbst und lebe gelassener
© der deutschen Ausgabe: Verlag Herder GmbH, Freiburg im Breisgau 2007
ISBN 978-3-451-29370-2

© für diese Ausgabe: Verlag Herder GmbH, Freiburg im Breisgau 2011
Alle Rechte vorbehalten
www.herder.de

Umschlagkonzeption: Agentur RME Roland Eschlbeck
Umschlaggestaltung: Verlag Herder
Umschlagfoto: © Mauritius Images
Autorenfoto: Roland Magunia / ddp

Satz: Rudolf Kempf, Emmendingen
Herstellung: fgb · freiburger graphische betriebe
www.fgb.de

Gedruckt auf umweltfreundlichem, chlorfrei gebleichtem Papier
Printed in Germany

ISBN 978-3-451-06343-5

INHALT

Vorwort 7

Einleitung: Meine Betrachtungsweise 10

ERSTER TEIL – WARUM SELBSTERKENNTNIS
UND WEISHEIT NOTWENDIG SIND 27
  1. Kapitel: Das Fundament legen,
    damit Selbsterkenntnis und Weisheit
    wachsen können 28
  2. Kapitel: Die Wurzel aller Probleme erkennen 32
  3. Kapitel: Warum es notwendig ist,
    die Wirklichkeit zu verstehen 37

ZWEITER TEIL – WIE WIR DER UNWISSENHEIT
DEN BODEN ENTZIEHEN KÖNNEN 43
  4. Kapitel: Die Wucht davon spüren, dass Alles
    mit Allem in Beziehung steht 44
  5. Kapitel: Die Argumentation des Entstehens
    in Abhängigkeit wertschätzen 53
  6. Kapitel: Die wechselseitige Abhängigkeit
    aller Phänomene wahrnehmen 58
  7. Kapitel: Entstehen in wechselseitiger Abhängigkeit
    und Leerheit 63

DRITTER TEIL – DIE KRAFT DER
MEDITATION UND SELBSTERKENNTNIS
NUTZBAR MACHEN . . 71
  8. Kapitel: Den Geist fokussieren 72
  9. Kapitel: Den Geist auf die Meditation einstimmen . . . 84

VIERTER TEIL – WIE WIR DIE SELBSTTÄUSCHUNG BEENDEN KÖNNEN ... 97

10. Kapitel: Zuerst die Meditation über uns selbst ... 98
11. Kapitel: Erkennen, dass wir nicht in und aus uns selbst heraus existieren ... 101
12. Kapitel: Die Alternativen bestimmen ... 109
13. Kapitel: Das Einssein untersuchen ... 112
14. Kapitel: Das Verschiedensein untersuchen ... 116
15. Kapitel: Zu einer Schlussfolgerung gelangen ... 118
16. Kapitel: Unsere Erkenntnis überprüfen ... 124
17. Kapitel: Diese Einsicht ausweiten auf das, was wir besitzen ... 131
18. Kapitel: Ruhiges Verweilen und besondere Einsicht in Balance bringen ... 133

FÜNFTER TEIL – WIE MENSCHEN UND DINGE IN WIRKLICHKEIT EXISTIEREN ... 139

19. Kapitel: Sich selbst wie eine Täuschung wahrnehmen .. 140
20. Kapitel: Wahrnehmen, wie alles auf Gedanken beruht .. 148

SECHSTER TEIL – LIEBE UND MITGEFÜHL MIT HILFE VON SELBSTERKENNTNIS UND WEISHEIT VERTIEFEN ... 159

21. Kapitel: Empathie entwickeln ... 160
22. Kapitel: Über die Vergänglichkeit nachdenken ... 167
23. Kapitel: Sich in höchste Liebe versenken ... 178

Anhang: Überblick über die meditativen Kontemplationen ... 189

Ausgewählte Literatur ... 217

VORWORT

Dieses Buch beruht auf der grundlegenden buddhistischen Einsicht, dass Liebe und Mitgefühl auf der einen und Selbsterkenntnis und Weisheit auf der anderen Seite wie die zwei Flügel eines Vogels sind und Hand in Hand arbeiten müssen, um die Erleuchtung hervorzubringen. Selbsterkenntnis ist der Schlüssel zu persönlicher Entwicklung und glücklichen Beziehungen zu anderen: Das ist das Leitthema des Buches. Der Dalai Lama zeigt uns, wie ein Mangel an wahrer Selbsterkenntnis dazu führt, dass wir uns selber Schaden zufügen durch fehlgeleitete und übertriebene Vorstellungen über uns selbst, über andere, über äußere Ereignisse und über materielle Dinge. Auch unsere Sinne täuschen uns und verstricken uns in Anhaftung und negativen Handlungen, die nur auf uns selbst zurückfallen und uns in Zukunft wieder bedrängen werden. Das Buch beschreibt detailliert, wie wir diese Fehler überwinden können, um aus einer realistischen Kenntnis heilsamer Interdependenz zu leben.

Der erste Teil des Buches zeigt, wie wir den täuschenden Aspekt unserer Erfahrungen wie einen Vorhang zur Seite schieben können. Andere Methoden könnten hier hilfreich sein, wie zum Beispiel das Unterdrücken von Begierde und Hass – sie setzen aber nicht an der Wurzel dieses grundlegenden Problems an. Der Dalai Lama lenkt unsere Aufmerksamkeit auf die falsche Fassade, die unser Denken und Empfinden allzu sehr blendet. So bereitet er den Weg dafür, dass wir die Wirklichkeit hinter den Erscheinungen erkennen können. Unser stillschweigendes Akzeptieren von den Dingen, wie sie uns erscheinen, wird Unwissenheit genannt. Diese Unwissenheit ist nicht nur ein Mangel an Wissen darüber, wie Menschen und Dinge in Wirklichkeit existieren, sondern eine aktive falsche Wahrnehmung ihrer grundlegenden Natur. Wahre

Selbsterkenntnis beinhaltet, dass wir irrtümliche Annahmen über uns selbst ans Tageslicht bringen und uns mit ihnen auseinandersetzen. Das Ziel hier ist herauszufinden, wie wir uns selbst in Schwierigkeiten verwickeln, um dann zu lernen, wie wir auf der grundlegenden Ebene unserer schädlichen Auffassungen Änderungen herbeiführen können.

Die buddhistische Psychologie ist bekannt für ihre detaillierten Beschreibungen der Wirkungsweise unseres Geistes, und der Dalai Lama nutzt diese Erkenntnisse auf praktische Weise, indem er den Lesern dieses Buches hilft, solche Abläufe anhand ihrer eigenen Erfahrungen zu verstehen. Sein zentrales Thema ist es zu zeigen, wie aus unserer verzerrten Wahrnehmung von Körper und Geist katastrophale Fehler erwachsen, die von Begierde am einen Ende der Skala bis zu Hass am anderen Ende reichen, so dass wir fortwährend in Schwierigkeiten verwickelt werden, als ob uns jemand an einem Ring, der in unserer Nase steckt, herumziehen würde. Indem wir Einsicht in diesen Prozess entwickeln, können wir uns und die Menschen in unserer Umgebung von diesen endlosen Szenarien des Schmerzes befreien.

Dieser erste Teil des Buches gibt uns Übungen an die Hand, mit denen wir Schritt für Schritt den Unterschied erkennen können zwischen dem, wie wir uns selbst erscheinen und dem, wer wir eigentlich sind. Wenn wir einmal unsere verzerrten Annahmen als das, was sie in Wirklichkeit sind, erkannt haben, zeigt uns dann der zweite Teil des Buches, wie wir sie untergraben können. Die Methoden, die hierfür benutzt werden, sind bekannte buddhistische Kontemplationen, um die Erscheinungen zu hinterfragen. Der Dalai Lama illustriert diese Kontemplationen mit seinen eigenen Erfahrungen und führt die Leser durch eine Vielzahl praktischer Übungen, welche helfen, die Täuschungen aufzulösen, die wir auf und über das gelegt haben, was tatsächlich existiert. So können wir lernen, wie wir in der Welt auf realistischere Weise aktiv werden können. Dazu ist es notwendig, die wechselseitige Abhängigkeit von Allem wahrzunehmen und das Netzwerk unserer Beziehungen für den bedeutungsvollen, jedoch befristeten Beitrag, den es für unser Leben leistet, wertzuschätzen.

Der dritte Teil des Buches beschreibt, wie wir die Kraft der meditativen Konzentration mit Selbsterkenntnis und Weisheit ausstatten können, um in unsere eigene wirkliche Natur einzutauchen, was unsere Probleme an ihrer Wurzel schwächen wird. Der vierte und fünfte Teil schließlich werden erörtern, wie Dinge und Phänomene in Wirklichkeit existieren – denn sie existieren nicht auf die Art und Weise, wie wir das normalerweise annehmen. Behutsam zeigt uns der Dalai Lama, wie alles auf Gedanken basiert, wie Gedanken das aufbauen, was wir wahrnehmen. Sein Ziel ist es, dass wir ein klares Gespür dafür entwickeln, was es heißt, ohne falsche Vorstellungen zu leben. Im abschließenden sechsten Teil des Buches erläutert der Dalai Lama, wie dieser tiefgründige Seinszustand dazu dient, Liebe und Mitgefühl zu erweitern, indem er darlegt, wie unnötig die leidbringenden Emotionen und die aus ihnen entstehenden Leiden eigentlich sind. Auf diese Weise wird Selbsterkenntnis zum Schlüssel für persönliche Entwicklung und glückliche Beziehungen zu anderen. Nachdem wir uns das Wissen erworben haben, wie wir Selbsterkenntnis und Weisheit in den Dienst von Liebe und Liebe in den Dienst von Selbsterkenntnis und Weisheit stellen, kommen wir im Anhang des Buches zu einem Überblick über die Schritte, wie wir uneigennützige und altruistische Erleuchtung erlangen können.

Dieses Buch verdeutlicht eindrucksvoll den Beitrag Tibets für unser Weltkulturerbe und erinnert uns daran, wie wichtig es ist, eine Heimat für dessen Erhalt zu bewahren. Das Licht, das durch die Lehren des Dalai Lama scheint, hat seinen Ursprung in dieser Kultur und bietet Einsichten und Übungen an, die so viele von uns in unserer Kultur brauchen.

Jeffrey Hopkins, Ph.D.
Professor Emeritus für Tibetologie
Universität von Virginia

EINLEITUNG

Meine Betrachtungsweise

Wenn wir morgens aufstehen und die Nachrichten hören oder die Zeitung lesen, werden wir immer wieder mit den gleichen traurigen Nachrichten über Gewalt, Kriege und Katastrophen konfrontiert. Es ist eindeutig, dass selbst in unserer heutigen modernen Welt unser kostbares Leben nicht wirklich sicher ist – ich kann mich an keine einzige Nachrichtensendung ohne einen Bericht über irgendein Verbrechen, das irgendwo verübt wurde, erinnern. Heutzutage gibt es so viele schlechte Nachrichten und ein solches Gewahrsein für Angst und Spannungen, dass jedes empfindsame und mitfühlende Lebewesen den „Fortschritt", den wir in unserer modernen Welt erreicht haben, ernsthaft hinterfragen muss.

Ironischerweise kommen die größten Probleme aus industriell entwickelten Staaten, in denen ein noch nie da gewesenes Wissen lediglich Rastlosigkeit und Unzufriedenheit hervorgebracht zu haben scheint. Es gibt keinen Zweifel an unserem gemeinsamen kollektiven Fortschritt in vielen Bereichen, besonders auf dem Gebiet der Wissenschaft und Technik, doch irgendwie reicht unser Wissensvormarsch allein nicht aus. Grundlegende menschliche Probleme bestehen weiterhin. Wir haben es bisher nicht erreicht, dauerhaften Frieden zu schaffen oder das allgegenwärtige Leiden zu vermindern.

Für mich liegt daher der Schluss nahe, dass unser Verhalten möglicherweise ernsthafte Fehler aufweist. Wenn diese nicht rechtzeitig korrigiert werden, kann das zu verheerenden Konsequenzen für die Zukunft der Menschheit führen. Die Wissenschaft und Technik haben enorm zur Entwicklung der Menschheit, zu unserem materiellen Wohlstand und Komfort und zu unserem Verständnis der Welt, in der wir leben, beigetragen. Wenn wir aber diesen Anstrengungen zu viel Bedeutung beimessen, befinden wir uns in Gefahr, diejenigen Aspekte menschlichen Wissens zu vernachlässigen, die zur Entwicklung einer aufrichtigen und altruistischen Persönlichkeit beitragen.

Wissenschaft und Technik können nicht die uralten spirituellen Werte ersetzen, die den wirklichen Fortschritt der Weltzivilisation, wie wir sie heute kennen, erst ermöglicht haben. Niemand kann den materiellen Nutzen des modernen Lebens bestreiten, aber wir sind immer noch Leiden, Angst und Spannungen ausgesetzt, vielleicht sogar mehr als je zuvor. Daher ist es nur sinnvoll zu versuchen, eine Balance zu finden zwischen materiellem Fortschritt auf der einen und der Entwicklung spiritueller Werte auf der anderen Seite. Um eine große Veränderung herbeizuführen, müssen wir unsere inneren Werte wiederbeleben und stärken.

Ich hoffe, dass Sie meine Sorge um die gegenwärtige weltweite moralische Krise teilen und dass Sie sich mir anschließen, an alle humanitär gesinnten Menschen und an alle religiös Praktizierenden, die auch diese Sorge teilen, zu appellieren, die Gemeinschaften unserer Welt mitfühlender, gerechter und fairer zu gestalten. Ich sage dies nicht als Buddhist, auch nicht als Tibeter, sondern einfach nur als Mensch. Ich spreche auch nicht als Experte für internationale Politik (obwohl ich mich notgedrungen zu diesem Thema äußere), sondern aus dem Kontext der buddhistischen Tradition, die, ebenso wie die Traditionen anderer großer Weltreligionen, auf dem Fundament der Sorge um das Wohlergehen aller Menschen aufbaut. Aus dieser Perspektive heraus teile ich mit Ihnen meine folgenden persönlichen Überzeugungen:

1. Universelle Fürsorge ist eine grundlegende Voraussetzung, um globale Probleme zu lösen.
2. Liebe und Mitgefühl sind die Grundpfeiler für den Weltfrieden.
3. Alle Weltreligionen bemühen sich darum, den Weltfrieden zu fördern, ebenso wie alle humanitär gesinnten Menschen, egal welche Weltanschauung sie vertreten.
4. Jeder einzelne Mensch hat eine Verantwortung, Institutionen mitzugestalten, um den Bedürfnissen der ganzen Welt zu dienen.

Lassen Sie uns diese Punkte einzeln betrachten:

1. UNIVERSELLE FÜRSORGE IST EINE GRUNDLEGENDE VORAUSSETZUNG, UM GLOBALE PROBLEME ZU LÖSEN

Einige der vielen Probleme, denen wir heute gegenüberstehen, sind Naturkatastrophen, die mit Gleichmut ertragen und akzeptiert werden müssen. Andere Probleme werden jedoch von uns Menschen und von Missverständnissen hervorgebracht, und diese Probleme können korrigiert werden. Probleme dieser zweiten Art entstehen beispielsweise aus dem Konflikt zwischen politischen oder religiösen Ideologien: wenn Menschen anfangen, sich wegen ihrer unterschiedlichen Anschauungen gegenseitig zu bekämpfen und dabei die grundlegende Menschlichkeit aus den Augen verlieren, die uns alle in einer großen Menschenfamilie zusammenbindet. Wir sollten nicht vergessen, dass alle Religionen, Weltanschauungen und politischen Systeme unserer Welt entwickelt wurden, um den Menschen zu helfen, glücklich zu werden. Dieses grundlegende Ziel dürfen wir nicht aus den Augen verlieren. Der Zweck darf niemals die Mittel heiligen, und Mitgefühl hat immer Vorrang vor der Ideologie.

Von allen Gefahren, die das Leben auf unserem Planeten bedrohen, ist die nukleare Bedrohung bei weitem die größte. Es ist unnötig, dass ich diese Bedrohung näher erläutere. Ich möchte jedoch an die Führungen der Nuklearmächte, die die Zukunft der Welt buchstäblich in ihren Händen halten, an die Wissenschaftler und Techniker, die weiterhin diese Furcht einflößenden Massenvernichtungswaffen bauen und an alle Menschen im Allgemeinen appellieren: Nutzen Sie Ihren gesunden Menschenverstand und rüsten Sie ab. Wir alle wissen, dass es im Falle eines nuklearen Krieges keine Sieger geben kann, da es keine Überlebenden geben wird. Ist es nicht Furcht erregend, über solch unmenschliche und grausame Zerstörung auch nur nachzudenken? Und ist es nicht logisch, dass wir die mögliche Ursache für unsere eigene Zerstörung beseitigen, sobald wir diese erkannt haben? Oft können wir ein Problem nicht lösen, weil wir seine Ursache nicht kennen oder weil wir, wenn wir seine Ursache erkannt haben, nicht die Mittel oder die Zeit hätten, diese Ursache zu beseitigen. Doch bei der nuklearen Bedrohung ist das nicht der Fall.

Alle Lebewesen, ob sie nun einer höher entwickelten Gattung wie den Menschen oder einer einfacheren Gattung wie zum Beispiel den Tieren angehören, wünschen sich Frieden, Wohlergehen und Sicherheit. Das stumme Tier hängt genauso an seinem Leben wie jedes menschliche Wesen. Selbst das primitivste Insekt strebt danach, sich vor Gefahren, die sein Leben bedrohen, zu schützen. Genau so wie jeder von uns leben möchte und sich nicht wünscht zu sterben, verhält es sich mit allen anderen Lebewesen, auch wenn es Unterschiede gibt in der Fähigkeit, dies zu bewirken.

Allgemein gesprochen gibt es zwei Arten von Glück und Leid: geistiges und körperliches. Ich bin der Auffassung, dass geistiges Leiden und Glück intensiver sind als körperliches Leiden und Glück. Daher betone ich normalerweise die Übung des Geistes als eine Möglichkeit, mit Leiden geschickt umzugehen und einen stabileren Zustand von Glück zu erreichen. Allerdings ist Glück eine Kombination aus innerem Frieden, ökonomischer Realisierbarkeit und, vor allem anderen, Weltfrieden. Um diese Ziele zu erlangen, halte ich es für notwendig, ein Gespür für universale Verantwortung zu entwickeln, eine tief empfundene Fürsorge für alle Menschen, unabhängig von ihrem Glauben, ihrem Geschlecht oder ihrer Hautfarbe, Nationalität oder ethnischer Zugehörigkeit.

Die Voraussetzung für universale Verantwortung ist die einfache Tatsache, dass wir alle dasselbe möchten. Jedes Lebewesen möchte Glück erreichen und Leiden vermeiden. Wenn wir diese Tatsache nicht würdigen, wird es mehr und mehr Leiden auf diesem Planeten geben. Wenn wir eine ich-zentrierte Einstellung zum Leben annehmen und ständig versuchen, andere zu unserem eigenen Interesse zu benutzen, können wir vielleicht kurzzeitigen Profit daraus ziehen, doch auf lange Sicht werden dann sowohl persönliches Glück als auch Weltfrieden völlig unmöglich sein.

In ihrem Streben nach Glück haben Menschen verschiedene Methoden angewandt, und allzu oft waren diese Methoden aggressiv und gnadenlos. Völlig gegen die Menschlichkeit verstoßend und nur auf den eigenen Vorteil bedacht, üben Menschen furchtbare Grausamkeiten aus und fügen anderen Lebewesen Leiden zu. Am Ende bringen solche kurzsichtigen Handlungen nichts als Leiden hervor, sowohl für uns selbst als auch für andere. Als Mensch geboren zu werden ist an sich ein seltenes Ereignis, und es ist weise, diese Gelegenheit so vorteilhaft wie möglich zu nutzen. Wir müssen uns daran erinnern, dass wir alle dasselbe wollen, so dass nicht eine Person oder eine Gruppe Glück und Ruhm auf Kosten der anderen erstrebt.

All dies macht es notwendig, dass wir globale Probleme voller Mitgefühl angehen. Globalisierung bedeutet, dass unsere Welt durch den technischen Fortschritt und internationalen Handel sehr schnell immer kleiner und voneinander abhängig wird. Folglich sind wir mehr als jemals zuvor aufeinander angewiesen. In früheren Zeiten waren Probleme oft auf die Familie beschränkt, und es war ausreichend, Probleme auf dieser familiären Ebene anzugehen. Doch die Lage hat sich verändert. Heute können die Probleme eines Landes nicht mehr zufrieden stellend von diesem einen Land alleine gelöst werden, da zu viel von den Interessen, Einstellungen und der Zusammenarbeit mit anderen Ländern abhängt. Ein universaler Ansatz, die Probleme der Welt zu lösen, ist die einzig vernünftige Grundlage für den Weltfrieden. Wir sind so eng miteinander verbunden, dass wir die Bedrohung für unsere eigene Existenz nicht überwinden können ohne Verständnis dafür, dass wir alle Teil einer großen Menschenfamilie sind, ganz zu schweigen davon, Frieden und Glück herbeizuführen.

Was bedeutet das konkret? Sobald wir erkennen, dass alle Lebewesen nach Glück streben und Leiden vermeiden wollen, ist es sowohl aus moralischer Sicht falsch, als auch aus pragmatischer Sicht unklug, nur das eigene Glück zu verfolgen und dabei die Gefühle und Ziele aller anderen Mitglieder unserer großen Menschheitsfamilie zu vergessen. Die anderen mit in Betracht zu ziehen, wenn wir unser eigenes Glück verfolgen, führt zu dem, was ich als „klugen Eigennutz" bezeichne. Dieser „kluge Eigennutz" wird sich hoffentlich in „Kompromiss-Eigennutz" oder, noch besser, in „gegenseitigen Eigennutz" verwandeln. Einige Menschen glauben, dass die Entwicklung und Entfaltung von Mitgefühl gut für andere ist, aber nicht unbedingt für einen selbst, doch das ist falsch.

Denn wenn Sie Mitgefühl entwickeln, profitieren Sie selbst am unmittelbarsten davon, da Mitgefühl in Ihnen ein Gefühl der Ruhe und Gelassenheit schafft. Die medizinische Forschung hat herausgefunden, dass ein ruhiger Geist eine Grundlage für gute Gesundheit ist. Mitgefühl verleiht Ihnen zudem innere Stärke, Vertrauen und Zufriedenheit, wobei es nicht sicher ist, dass das Objekt Ihres Mitgefühls genauso davon profitiert. Liebe und Mitgefühl öffnen Ihnen die Türen zu Ihrem Inneren und verringern Stress, Misstrauen und Einsamkeit. Ich stimme mit einem Arzt aus dem Westen überein, der mir einmal sagte, dass Menschen, die oft die Worte „ich", „mein" und „mich" verwenden, einem erhöhten Herzinfarktrisiko ausgesetzt sind. Wenn Ihr Blickwinkel aufgrund Ihrer Ichbezogenheit ganz auf Sie selbst beschränkt ist, dann wird Ihnen sogar ein kleines Problem als unerträglich erscheinen.

Man könnte erwarten, dass die verstärkte wechselseitige Abhängigkeit zwischen den Nationen zu mehr Kooperation führen würde, doch solange wir gegenüber den Gefühlen und dem Wohlergehen der anderen gleichgültig bleiben, ist es schwierig, eine Haltung aufrichtiger Kooperationswilligkeit zu entwickeln. Wenn Menschen vorwiegend von Gier und Neid getrieben sind, ist es ihnen nicht möglich, in Harmonie miteinander zu leben. Eine spirituelle Geisteshaltung mag zwar nicht eine sofortige Lösung für alle politischen Probleme liefern, die von unserer gegenwärtigen ichbezogenen Geisteshaltung hervorgerufen werden, wird aber auf lange Sicht hin die Probleme, denen wir heute ausgesetzt sind, an ihrer Wurzel lösen und beseitigen.

Unsere Welt ist so klein geworden, dass alle Teile der Welt offensichtlich auch Teil von uns selbst sind. Somit bedeutet die Vernichtung Ihres Feindes letztendlich auch die Vernichtung von Ihnen selbst. Krieg ist unzeitgemäß und hat als Lösungskonzept ausgedient. Wenn das zwanzigste Jahrhundert das Jahrhundert des Blutvergießens war, muss das einundzwanzigste Jahrhundert das Jahrhundert des Dialoges werden.

Wenn die Menschheit weiterhin ihre Probleme nur aus der Perspektive kurzfristiger Zweckdienlichkeit angeht, dann werden daraus den zukünftigen Generationen gewaltige Schwierigkeiten erwachsen. Die Weltbevölkerung steigt rasant an, und unsere

Rohstoffvorkommen werden ungeheuer schnell ausgebeutet. Betrachten Sie nur die ruinösen Auswirkungen, die das massive Abholzen von Wäldern auf unser Klima, den Boden und die globale Ökologie hat. Weil wir uns von kurzfristiger Zweckdienlichkeit und egoistischen Interessen haben leiten lassen, nicht die ganze große Familie aller Menschen in Betracht gezogen haben und die Erde und die langfristigen Bedürfnisse des Lebens an sich vergessen haben, stehen wir kurz vor einer Katastrophe. Wenn wir nicht jetzt über diese Probleme nachdenken, dann werden zukünftige Generationen vielleicht nicht mehr in der Lage sein, damit zurechtzukommen.

2. LIEBE UND MITGEFÜHL SIND DIE GRUNDPFEILER FÜR DEN WELTFRIEDEN

Nach Auffassung buddhistischer Psychologie entspringen die meisten unserer Probleme der Anhaftung an Dinge, die wir fälschlicherweise als unvergänglich betrachten. Von diesem Standpunkt aus bewerten wir Aggressivität und Wettbewerbsgeist als hilfreich für das Verfolgen unserer Ziele und Wünsche, wodurch lediglich unsere Kriegs- und Kampfeslust geschürt wird. Solch fehlgeleitetes Denken gibt es schon immer im menschlichen Geist. Doch heute kann es eine viel größere Wirkung entfalten, da uns gewaltige Maschinen und eine fortschrittliche Technik zur Verfügung stehen, um Rohstoffe abzubauen und zu nutzen. So verströmen Gier und Aggressivität, unterstützt von unserer Unwissenheit darüber, wie die Dinge wirklich existieren, mehr von ihrem Gift in die Welt. Wenn wir die Probleme auf menschliche Weise lösen, werden die Probleme einfach aufhören. Wenn wir aber unmenschliche Lösungswege versuchen, werden weitere Probleme entstehen.

Das humane Gegenmittel für diese Probleme ist Liebe und Mitgefühl. Es sind die grundlegenden Voraussetzungen für den Weltfrieden. Wir Menschen sind soziale Lebewesen, und die stärksten Kräfte, die uns zusammenhalten, sind Liebe und Mitgefühl. Wenn Sie für einen armen Menschen Liebe und Mitgefühl empfinden, dann basieren Ihre Gefühle auf Uneigennützigkeit und Altruismus. Im Gegensatz dazu ist Ihre Liebe für Ihren Ehepartner, Ihre Kinder oder Ihnen nahe stehende Freunde jedoch oft mit Anhaftung vermischt, und wenn sich Ihre Anhaftung verändert, besteht die Gefahr, dass Ihre Güte und Freundlichkeit verschwindet. Vollkommene Liebe beruht nicht auf Anhaftung, sondern auf Uneigennützigkeit und Altruismus, die die wirksamste Antwort auf Leiden sind.

Es ist notwendig, Liebe und Mitgefühl in uns zu entwickeln und deren gegenwärtige Grenzen bis ins Unendliche zu erweitern. Nicht unterscheidende, spontane und grenzenlose Liebe und nicht unterscheidendes, spontanes und grenzenloses Mitgefühl können Sie selbst einem Feind entgegenbringen, der Ihnen Schaden zugefügt hat. Und die Kraft dieser Liebe und dieses Mitgefühls ist erstaunlich.

Der Buddhismus lehrt uns, alle Lebewesen als unsere geliebten Mütter zu betrachten und unsere Dankbarkeit gegenüber unseren Müttern dadurch zum Ausdruck zu bringen, indem wir alle Lebewesen lieben und schätzen. Eines der ersten Dinge, die wir in diesem Leben getan haben, war, dass wir Milch aus der Brust unserer Mutter gesaugt haben. Die Muttermilch ist somit das beste Sinnbild für Liebe und Mitgefühl. Wissenschaftler haben anhand von Untersuchungen gezeigt, dass Affenbabys, die für längere Zeit von ihren Müttern getrennt werden, angespannter und ruppiger werden und keine Fähigkeit entwickeln, ihren Artgenossen Freundlichkeit zu zeigen, wohingegen Affenbabys, die mit ihren Müttern zusammen aufwachsen, verspielter sind: Sie sind offensichtlich zufriedener. Nach buddhistischer Auffassung sind wir seit anfangsloser Zeit schon unzählige Male geboren und wiedergeboren worden. Daher ist es vorstellbar und möglich, dass jedes einzelne Lebewesen schon einmal unsere Mutter oder unser Vater gewesen ist. Somit sind alle Lebewesen durch familiäre Bande miteinander verknüpft. Ab dem Augenblick unserer Geburt stehen wir unter der Liebe und Fürsorge unserer Eltern. Später im Leben, wenn wir die Leiden von Krankheiten und Altern durchstehen, sind wir wiederum von der Güte und Freundlichkeit anderer abhängig. Wenn wir also zu Beginn und am Ende unseres

Lebens von der Liebe und Fürsorge anderer abhängen, warum sollten wir uns dann in der Mitte unseres Lebens anderen gegenüber nicht gütig und freundlich verhalten? Das ist die pragmatische Option.

Es ist nicht notwendig, dass Sie einer traditionellen Religion folgen, um ein gütiges Herz zu entwickeln und ein Gefühl der Verbundenheit mit allen Lebewesen. Jeder kann ein gütiges Herz entwickeln, unabhängig von einer Religionszugehörigkeit oder der Zugehörigkeit zu einer bestimmten Rasse oder einer politischen Partei. Das ist etwas für alle Menschen, die sich vor allem anderen zuerst als Teil der einen großen Menschheitsfamilie betrachten und die diese größere und weiterreichende Perspektive einnehmen können. Die grundlegenden Werte von Liebe und Mitgefühl sind in uns seit unserer Geburt präsent, wohingegen ethnische, politische, theologische Unterscheidungen oder Unterscheidungen in Bezug auf die Rassenzugehörigkeit erst später kommen. Gewalt steht nicht im Einklang mit unserer grundlegenden menschlichen Natur. Da könnte man sich fragen, warum ständig alle möglichen Verbrechen und Gewalttaten in der Berichterstattung erwähnt werden, Akte der Liebe und des Mitgefühls jedoch äußerst selten. Der Grund ist der, dass Gewalt schockierend ist und nicht im Einklang mit unserer grundlegenden menschlichen Natur steht. Akte der Liebe und des Mitgefühls nehmen wir jedoch als selbstverständlich hin, da sie unserer eigentlichen Natur mehr entsprechen.

Da wir alle Glück erlangen und Leiden vermeiden möchten, und da ein einzelner Mensch im Vergleich zu zahllosen anderen Menschen relativ unwichtig ist, können wir leicht erkennen, dass es sich lohnt, unseren Besitz mit anderen zu teilen. Das Glück, das als Nebenprodukt entsteht, wenn wir andere lieben und ihnen dienen, ist dem Gewinn, den wir erzielen, wenn wir uns lediglich um uns selbst kümmern, bei weitem überlegen.

Unser Leben ist ständigem Wandel unterworfen. Dadurch werden viele Schwierigkeiten verursacht. Wenn wir diesen Schwierigkeiten aber mit einem ruhigen und klaren Geist gegenübertreten, unterstützt durch unsere spirituelle Praxis, werden wir alle diese Schwierigkeiten überwinden können. Wenn unser Geist durch

Hass, Egozentrik, Eifersucht und Zorn getrübt ist, verlieren wir nicht nur unsere Kontrolle, sondern auch unser gesundes Urteilsvermögen. In derart turbulenten Momenten kann alles passieren, auch ein Krieg ausbrechen. Die Übung in Mitgefühl und Weisheit ist für uns alle von Nutzen, und sie ist ganz besonders wertvoll für Menschen in Schlüsselpositionen auf nationaler und internationaler Ebene, da diese Menschen die Macht und die Möglichkeit in den Händen halten, den Rahmen für den Weltfrieden zu schaffen.

3. ALLE WELTRELIGIONEN BEMÜHEN SICH DARUM, DEN WELTFRIEDEN ZU FÖRDERN

Die bisher geäußerten Leitgedanken, stehen in Übereinstimmung mit den ethischen Lehrmeinungen aller Weltreligionen. Ich bin der Überzeugung, dass alle bedeutenden Religionen (Buddhismus, Christentum, Hinduismus, Islam, Jainismus, Judaismus, Shintoismus, die Sikhreligion, Taoismus, Zoroastrismus) die Liebe als Ideal bekräftigen. Sie versuchen, der Menschheit mittels spiritueller Übungen von Nutzen zu sein und wollen, dass aus ihren Anhängern bessere Menschen werden. Alle Religionen formulieren ethische Prinzipien, um uns mithilfe von Körper, Rede, Geist und Handlungen zu besseren Menschen zu machen: „Du sollst nicht lügen, nicht stehlen, nicht töten, usw." Uneigennützigkeit ist die gemeinsame Grundlage, die von allen großen spirituellen Lehren dargelegt wurde, um ihre Anhänger von schädlichen Taten – hervorgerufen durch die Unwissenheit – wegzuführen und auf den Pfad der Güte und des Gutseins zu leiten.

Alle Religionen sehen die Notwendigkeit, den ungebändigten Geist zu zähmen, in dem Egoismus und andere Schwierigkeiten wohnen, und den Weg zu einem spirituellen Zustand zu weisen, der friedvoll, diszipliniert, ethisch und weise ist. In diesem Sinne glaube ich, dass alle Religionen im Wesentlichen die gleiche Botschaft verkünden. Natürlich nehmen die Diskussionen kein Ende, wenn religiöse Differenzen aus Dogma und kultureller Vielfältigkeit heraus entstehen. Es ist jedoch viel besser, wenn wir im täglichen Leben die Güte und das Gutsein, die von allen Religionen gelehrt werden, in die Tat umsetzen, anstatt uns über unwichtige Unterschiede in der Herangehensweise zu streiten.

Es gibt viele verschiedene Behandlungsmöglichkeiten für eine bestimmte Krankheit. Und so gibt es auch viele Religionen, die versuchen, der Menschheit Trost, Zufriedenheit und Glück zu bringen. Alle Religionen streben danach, den Menschen zu helfen, Leiden und Elend zu vermeiden und Zufriedenheit und Glück zu finden. Auch wenn wir eine bestimmte religiöse Anschauung einer anderen vorziehen, so sind doch die Argumente für die Einheit aller Religionen viel überzeugender, da sie der gemeinsamen Sehnsucht der menschlichen Herzen entspringen. Jede Religion arbeitet daran, die Leiden zu verringern und einen positiven Beitrag für die Welt zu leisten. Es darf aber nicht um Bekehrung gehen. Es ist nicht meine Absicht, andere zum Buddhismus zu bekehren oder auch nur den Buddhismus zu fördern. Stattdessen denke ich darüber nach, wie ich als Buddhist zur Zufriedenheit und zum Glück aller Lebewesen beitragen kann.

Wenn ich auf die wesentlichen Parallelen zwischen den verschiedenen Weltreligionen hinweise, bedeutet dies jedoch nicht, dass ich eine neue „Weltreligion" befürworte. All die verschiedenen Religionen der Welt sind notwendig, um die menschliche Erfahrung und die Zivilisation auf unserer Erde zu bereichern. Der menschliche Geist in all seiner Vielfältigkeit braucht verschiedene Zugangswege zum Frieden und zum Glück. Diese Zugangswege sind so vielfältig wie auch die unterschiedlichen Nahrungsmittel. Bestimmte Menschen finden beispielsweise das Christentum ansprechender. Andere ziehen den Buddhismus vor, da er keinen Schöpfergott vertritt und alles von den eigenen Taten und Handlungen abhängt. Und so können wir für jede andere Religion ebenso gute Gründe anführen. Der Punkt dabei ist klar: Die Menschheit braucht alle Weltreligionen, um all den verschiedenen Lebensweisen, spirituellen Bedürfnissen und Traditionen der Länder unserer Erde gerecht zu werden.

Von diesem Standpunkt aus begrüße ich die Anstrengungen, die in verschiedenen Teilen der Welt unternommen werden, um zu einem besseren Verständnis unter den verschiedenen Religionen zu kommen. Das ist besonders wichtig. Wenn alle Religionen es sich zum Anliegen machen, die Lage der Menschheit zu verbessern, dann können sie für den Weltfrieden zusammenarbeiten. Ein ökumenisches Verständnis wird den Zusammenhalt hervorbringen, der notwendig ist, damit alle Religionen zusammenarbeiten können. Dies ist ein wichtiger Schritt, doch dürfen wir nicht vergessen, dass es nicht einfach sein wird, zwischen den dogmatischen Unterschieden der unterschiedlichen Religionen zu navigieren. Und wir sollten nicht darauf hoffen, eine neue universale Religion zu entwickeln, die alle Menschen zufrieden stellt. Jede Religion leistet ihren eigenen unverwechselbaren Beitrag, und jede Religion passt auf ihre eigene Weise zur Einstellung einer bestimmten Gruppe von Menschen. Unsere Welt braucht alle Religionen.

Es gibt zwei Hauptaufgaben für religiös praktizierende Menschen, denen der Weltfrieden ein Anliegen ist. Zuerst müssen wir uns für ein besseres Verständnis zwischen den Religionen einsetzen, um einen Grad an Einheit zwischen allen Religionen zu schaffen, mit dem sich arbeiten lässt. Dies kann unter anderem dadurch erreicht werden, dass wir den Glauben der anderen respektieren und indem wir unsere gemeinsame Sorge für das menschliche Wohlergehen betonen. Die zweite Hauptaufgabe besteht darin, einen brauchbaren Konsens zu entwickeln in Bezug auf grundlegende spirituelle Werte, die jedes menschliche Herz berühren. Diese zwei Schritte werden es uns ermöglichen, sowohl einzeln zu handeln als auch gemeinsam die spirituellen Grundlagen zu schaffen, die für den Weltfrieden notwendig sind.

Trotz systematischer Versuche, spirituelle Werte durch politische Ideologie und Kommerzialisierung zu ersetzen, glaubt ein Großteil der Menschheit weiterhin an die eine oder andere Religion. Die Hartnäckigkeit des Glaubens, selbst unter repressiven Regimes, zeigt deutlich die Kraft der Religion. Diese spirituelle Energie ist eine Kraft, die dazu genutzt werden kann, Weltfrieden hervorzubringen. Religiöse Führer und humanitär gesinnte Menschen auf der ganzen Welt spielen dabei eine besondere Rolle.

Ob es uns nun gelingen wird oder nicht, Weltfrieden zu erreichen: Wir haben keine andere Wahl, als auf dieses Ziel hin zu arbeiten. Wenn wir es zulassen, dass Liebe und Mitgefühl von Hass und Zorn beherrscht werden, dann verschenken wir das Beste, was unsere menschliche Intelligenz zu bieten hat, nämlich Weisheit: unsere Fähigkeit, zwischen „richtig" und „falsch" zu unterscheiden. Egoismus, Hass und Zorn gehören zu den schlimmsten Problemen, denen sich unsere heutige Welt gegenüber sieht.

4. JEDER EINZELNE MENSCH HAT EINE VERANTWORTUNG, INSTITUTIONEN MITZUGESTALTEN

Hass und Zorn spielen eine große Rolle in gegenwärtigen Krisengebieten wie zum Beispiel im Mittleren Osten und in Asien oder auch zwischen hoch industrialisierten und ökonomisch unterentwickelten Ländern. Diese Konflikte entstehen, da wir es versäumt haben zu erkennen, wie viel wir gemeinsam haben. Antworten werden nicht gefunden, indem wir größere militärische Streitkräfte aufbauen und einsetzen. Die Antworten können auch nicht rein politisch oder technisch sein. Die Probleme, denen wir uns heute gegenüber sehen, können nicht einer einzelnen Person oder Ursache angelastet werden, sondern sind Anzeichen für unsere eigene Nachlässigkeit in der Vergangenheit. Was wir brauchen ist eine Betonung dessen, was uns allen gemeinsam ist. Das ist im Grunde ein spiritueller Ansatz.

Hass und militärische Kämpfe können unmöglich irgendjemandem Zufriedenheit und Glück bringen, nicht einmal den Gewinnern von Konflikten. Gewalt bringt immer Elend hervor und ist daher im Wesentlichen kontraproduktiv. Es ist an der Zeit, dass Regierungschefs auf der ganzen Welt lernen, über Unterschiede in Bezug auf Rassenzugehörigkeit, Kultur und Ideologie hinauszugehen und einander in Würdigung unserer gemeinsamen menschlichen Situation wohlwollend zu betrachten. Dies würde den einzelnen Menschen, die Gemeinschaften, Nationen und schließlich die ganze Welt bereichern.

Die Massenmedien, das Internet mit eingeschlossen, können hier einen wichtigen Beitrag leisten, indem sie einen größeren

Schwerpunkt auf Themen legen, welche die letztendliche Einheit der Menschheit unterstreichen. Ich hoffe, dass alle internationalen Organisationen, besonders die Vereinten Nationen, aktiver und effektiver werden in ihrem Dienst an der Menschheit und in der Förderung der Völkerverständigung. Es ist in der Tat sehr tragisch, wenn einige wenige mächtige Mitgliedsstaaten Weltorganisationen wie die Vereinten Nationen für ihre eigenen einseitigen Interessen missbrauchten. Die Vereinten Nationen müssen das Hauptinstrument zum Erreichen des Weltfriedens werden. Sie sind die einzige Hoffnung für kleine unterdrückte Länder und somit für unseren Planeten als Ganzes.

In jedem Land sollte jedes Individuum ein Recht darauf haben, Glück zu erlangen. Und zwischen den Nationen muss es eine gemeinsame Fürsorge um das Wohlergehen selbst der schwächsten Nationen geben. Ich mache hier nicht den Vorschlag, dass ein bestimmtes politisches System besser ist als ein anderes und von allen Ländern angenommen werden sollte. Ganz im Gegenteil. Aufgrund der verschiedenen Veranlagungen innerhalb der menschlichen Gemeinschaft ist es wünschenswert, dass es verschiedene politische Systeme und Sichtweisen gibt. Diese Vielfalt verbessert unsere Chancen für Zufriedenheit und Glück. Daher sollte jede Nation die Freiheit haben, auf der Grundlage der Selbstbestimmung ein eigenes politisches und sozioökonomisches System zu entwickeln.

Da alle Nationen mehr denn je ökonomisch voneinander abhängen, muss menschliche Verständigung nationale Grenzen überschreiten und die internationale Gemeinschaft aller Menschen umfassen. Wenn es uns nicht gelingt, eine Atmosphäre aufrichtiger Kooperation zu schaffen und angedrohte oder tatsächlich eingesetzte Gewalt durch aufrichtige Verständigung zu ersetzen, werden die Probleme in unserer Welt nur noch zunehmen. Die Kluft zwischen Reichen und Armen ist nicht nur moralisch falsch, sondern auf praktischer Ebene eine Quelle von vielen Problemen. Wenn den Menschen in ärmeren Ländern das Glück verwehrt wird, das sie sich wünschen und das sie verdient haben, dann werden sie unzufrieden sein und Probleme für die Reichen schaffen. Wenn in Zukunft bestimmten Menschengruppen weiterhin gegen ihren Willen unerwünschte soziale, politische und kulturelle Einschränkungen aufgezwungen werden, dann schwinden die Aussichten für dauerhaften Frieden auf der Welt. Wenn wir aber die Menschen auf der Ebene der Herzen zufrieden stellen, dann wird dauerhafter Friede mit Sicherheit möglich werden.

Ich bin mir über das ungeheure Ausmaß der Aufgabe, die vor uns liegt, im Klaren. Doch ich sehe keine andere Möglichkeit als die, die ich hier vorschlage und die auf unserer gemeinsamen Menschlichkeit basiert. Die Nationen dieser Welt haben gar keine andere Wahl, als sich um das Wohlergehen aller anderen Nationen zu kümmern, nicht nur wegen der gemeinsamen Hoffnung der Menschheit, sondern weil es im gegenseitigen und langfristigen Interesse aller Beteiligten liegt. Ebenso müssen wir menschlichen Nutzen auf lange Sicht betrachten und nicht nur kurzfristig.

In der Vergangenheit gab es Versuche, gerechtere Gesellschaften mit größerer Chancengleichheit zu schaffen, Institutionen mit noblen Satzungen wurden gegründet, um antisoziale Kräfte zu bekämpfen. Leider sind solche Anstrengungen durch Egoismus und Gier untergraben worden. Auch heutzutage können wir bezeugen, wie, besonders in der politischen Welt, Ethik und hohe Prinzipien durch Eigeninteresse beeinträchtigt werden. Politik ohne Ethik trägt jedoch nicht zum Wohl der Menschheit bei, und ein Leben ohne Ethik degradiert den Menschen auf die Ebene wilder Tiere. Dies führt dazu, dass einige von uns gar nichts mehr mit Politik zu tun haben wollen, doch Politik ist nicht gezwungenermaßen schmutzig. Vielmehr ist es so, dass die fehlgeleiteten Instrumente unserer politischen Kultur unsere hohen Ideale und edlen Ziele verzerrt haben.

Ethik, Mitgefühl, Anstandsgefühl und Weisheit sind die Bausteine einer jeden Zivilisation. Diese Qualitäten werden in der Kindheit angelegt. Sie müssen systematisch durch ethische Erziehung in einem unterstützenden sozialen Umfeld ausgebaut werden, damit eine menschlichere Welt entstehen kann. Wir dürfen nicht darauf warten, dass die nächste Generation diesen Wandel vollbringt, wir selber müssen uns jetzt um eine Erneuerung von grundlegenden menschlichen Werten bemühen. Die Hoffnung liegt in zukünftigen Generationen, aber nur dann, wenn wir jetzt wesentliche Änderungen in unseren Erziehungssystemen auf weltweiter Ebene einleiten. Wir brauchen eine Revolution, die die Verpflichtung zu universalen Werten zum Inhalt hat.

Es reicht nicht aus, nur lauthals zu fordern, den moralischen Verfall zu stoppen, wir müssen auch etwas dagegen tun. Da gegenwärtige Regierungen solche „religiösen" Verantwortungen nicht übernehmen, müssen humanitär gesinnte Menschen und religiöse Führer bereits existierende bürgerliche, soziale, kulturelle und religiöse Organisationen und auch die Bildungssysteme darin bestärken, menschliche und spirituelle Werte wiederzubeleben. Wo nötig, müssen wir neue Organisationen schaffen, um solche Ziele zu erreichen. Nur so können wir eine stabilere Grundlage für den Weltfrieden schaffen. Der Samen von Liebe und Mitgefühl ist instinkthaft in uns angelegt, doch die Pflege und Entfaltung dieses Samens muss durch Einsicht, Erkenntnis und Erziehung geschehen. Um die Probleme zu lösen, denen sich die Menschheit gegenüber sieht, ist es notwendig, Zusammenkünfte und Symposien von Gelehrten, Pädagoginnen*, Sozialarbeitern, Neurologinnen, Physikern und Expertinnen der verschiedensten Richtungen zu organisieren, um die negativen und positiven Seiten dessen zu erörtern, was wir bisher erreicht haben, und um herauszufinden, was wir neu einführen und für das Erziehungssystem ändern müssen. Die richtige Umgebung spielt eine Schlüsselrolle im gesunden Heranwachsen eines Kindes. Alle Probleme, der Terrorismus mit eingeschlossen, können durch richtige Erziehung

---

* Damit sich sowohl Leserinnen als auch Leser angesprochen fühlen, werden im englischen Originaltext möglichst nicht-geschlechtsspezifische Oberbegriffe verwendet und wird bei konkreten Beispielen die Frage des Geschlechts offen gelassen oder „*she or he*", „*him or her*" („*sie oder er*", „*ihm oder ihr*") usw. benutzt. Im Deutschen jedoch sind viele Substantive in der Festlegung auf das Geschlecht viel deutlicher als im Englischen („*Politker*" oder „*Politikerin*" für „*politician*" usw.). Wegen ihrer Holprigkeit wurde in der Übersetzung auf künstliche Konstruktionen wie zum Beispiel „*der/die Sozialarbeiter/in*" verzichtet. Um einen glatten Lesefluss zu erzielen, werden daher an einigen Stellen beide Genusformen angeführt, beispielsweise „*ein Politiker oder eine Politikerin*", und an anderen Stellen, wie dieser, werden die weibliche und männliche Form abwechselnd benutzt. Wenn somit allgemein vom „*Leser*" die Rede ist, darf sich die Leserin ebenso mit eingeschlossen fühlen wie der Leser, wenn generell von „*Freundin*" gesprochen wird. A.d.Ü.

überwunden werden und besonders dadurch, Kinder schon im Vorschulalter mit der Fürsorge um andere vertraut zu machen.

Da wir in Gesellschaft leben, müssen wir die Leiden unserer Mitmenschen teilen und Mitgefühl und Toleranz nicht nur gegenüber unseren Lieben, sondern auch gegenüber unseren Feinden praktizieren. Das ist die beste Prüfung für unsere moralische Stärke. Durch unser eigenes Verhalten müssen wir ein gutes Beispiel geben. Wir sollten nach den gleichen hohen Maßstäben für Integrität leben, die wir anderen vermitteln wollen. Das höchste aller Ziele ist es, der Welt zu dienen und ihr von Nutzen zu sein.

Mit diesem Buch möchte ich einen – wenn auch noch so kleinen – Beitrag zum Weltfrieden leisten, indem ich buddhistische Ansichten erläutere, wie wir die Quelle leidbringender Emotionen wie Gier und Hass in uns selber ausfindig machen können und indem ich dann buddhistische Übungen beschreibe, mit denen wir diese leidbringenden Einflüsse in unserem Herzen untergraben und durch Selbsterkenntnis und Weisheit auf der einen, und Liebe und Mitgefühl auf der anderen Seite ersetzen können.

ERSTER TEIL

WARUM SELBSTERKENNTNIS UND WEISHEIT NOTWENDIG SIND

ERSTES KAPITEL

Das Fundament legen, damit Selbsterkenntnis und Weisheit wachsen können

Zu Beginn deiner Übung sei rege wie ein Reh,
das in einem Pferch gefangen ist und sich befreien will.
In der Mitte sei wie ein Bauer während der Ernte,
der auf nichts wartet.
Am Ende sei wie ein Hirte, der seine Herde heimgebracht hat.

Patrul Rinpoche, *Heiliges Wort*

Wodurch werden alle Schwierigkeiten und Probleme auf dieser Welt verursacht? Durch unsere eigenen kontraproduktiven Emotionen. Wenn diese einmal entstanden sind, dann fügen sie uns sowohl oberflächlichen als auch tiefgehenden Schaden zu. Diese leidbringenden Emotionen bringen uns ununterbrochen nichts anderes als nur Probleme und Schwierigkeiten. Versuchten wir, jede von ihnen einzeln zu bekämpfen, dann fänden wir uns in einem endlosen Kampf wieder. Was ist also die Wurzel dieser leidbringenden Gefühle, an der wir erfolgreich ansetzen können?

In den zahlreichen Schriften Buddhas finden wir Beschreibungen von Übungen, um die Sinneslust zu bekämpfen. So zum Beispiel die Meditation auf das, was unter der Haut liegt: Fleisch, Knochen, Organe, Blut, Exkremente und Urin. Diese Art der Kontemplation unterdrückt in der Tat die Sinneslust, hilft bei Hass aber nicht weiter. Und umgekehrt gilt das Gleiche: Die Übungen, die gelehrt wurden, um dem Hass den Boden zu entziehen, wie die Entwicklung von Liebe und Mitgefühl, können nicht als Heilmittel gegen die Sinneslust verwendet werden. Wie Medizin, die man gegen eine bestimmte Krankheit einnimmt, können sie andere Krankheiten nicht heilen. Da jedoch alle kontraproduktiven Emotionen auf der Unkenntnis der wahren Natur der Dinge basieren, entziehen die Übungen, die uns lehren, wie man diese Unwissenheit besiegt, allen leidbringenden Gefühlen den Boden. Das Gegenmittel gegen die Unwissenheit geht alle Probleme an. Das ist die außergewöhnliche Gabe von Weisheit und Selbsterkenntnis.

Um Selbsterkenntnis und Weisheit zu entwickeln, wie wir, andere Menschen und all die Dinge um uns herum wirklich existieren, können wir uns vorbereiten. Dazu ist es äußerst wichtig, die spirituellen Lehren genau zu studieren und immer wieder über sie nachzudenken. Wir müssen nämlich zuerst unsere falschen Vorstellungen über die Wirklichkeit korrigieren, um einen Geisteszustand zu entwickeln, der es uns erlaubt, mit Klarheit bis zur Erkenntnis der Wirklichkeit dringen zu können.

DIE UNWISSENHEIT IDENTIFIZIEREN

Um erfolgreich Selbsterkenntnis und Weisheit entwickeln zu können, müssen wir zuerst die Unwissenheit identifizieren. In diesem Kontext ist Unwissenheit nicht nur ein Mangel an Wissen, sie ist vielmehr ein aktives Missverstehen der Natur der Dinge. Diese Unwissenheit nimmt fälschlicherweise an, dass es in der Natur von Menschen und Dingen liegt, in und aus sich selbst heraus zu existieren, durch ihre eigene Natur geschaffen. Es ist nicht einfach, dieses Postulat zu begreifen, doch ist es von grundlegender Bedeutung, diese fehlerhafte Wahrnehmung zu erkennen, da sie die Quelle von destruktiven Emotionen wie Gier und Hass ist. Im Buddhismus wird immer wieder von Leerheit gesprochen. Wenn wir aber nicht bemerken, wie wir fälschlicherweise anderen Menschen und Dingen eine ihnen innewohnende (inhärente) Existenz zuschreiben, dann wird es uns unmöglich sein, diese Leerheit zu verstehen. Zuerst geht es darum, zumindest im Ansatz zu erkennen, womit Sie die Phänomene fälschlicherweise „überlagern", bevor Sie ein Verständnis für die Leerheit entwickeln können, die anstatt dieser Überlagerung existiert. Ein Erkennen dessen, wer Sie wirklich sind und auf welche Weise Sie wirklich existieren, ohne die Überlagerung falscher Vorstellungen, das ist das Hauptthema dieses Buches.

Jede der zahlreichen Lehren des mitfühlenden Buddha zielt darauf ab, Befreiung aus dem endlosen Daseinskreislauf von einem Leben zum nächsten zu erreichen und Allwissenheit zu erlangen. Unwissenheit ist die Wurzel aller Hindernisse, die uns den Weg zu diesem Ziel hin versperren. Unwissenheit kettet uns an das Leiden. Daher muss sie klar identifiziert werden. Um dies zu erreichen, müssen wir uns intensiv damit beschäftigen, wie diese irrtümliche Eigenschaft inhärenter Existenz dem Geist erscheint, wie der Geist ihr zustimmt und dann viele Vorstellungen und Anschauungen auf diesem fundamentalen Irrtum aufbaut.

Unwissenheit ist nicht einfach etwas anderes als Wissen, es ist das genaue Gegenteil davon. Die moderne Wissenschaft sagt uns, je genauer wir ein Ding untersuchen, desto wahrscheinlicher werden wir leeren Raum finden. Indem Unwissenheit sich auf die äußere Erscheinung verlässt, überlagert sie Menschen und Dinge mit einem Gefühl von Konkretheit, die es in Wirklichkeit gar nicht gibt. Unwissenheit gaukelt uns vor, dass diese Phänomene auf irgendeine grundlegende Art existieren. Aufgrund von Unwissenheit nehmen wir an, dass die Dinge und Phänomene um uns herum unabhängig existieren, ohne dabei von anderen Faktoren abzuhängen. Das ist jedoch nicht der Fall. Indem wir den Menschen und Dingen um uns herum diesen übertriebenen Status verleihen, werden wir in die verschiedensten übertriebenen und letztendlich schmerzhaften Emotionen hineingezogen.

Das Identifizieren dieser falschen Erscheinung der Dinge und das Erkennen unserer stillschweigenden Billigung dieser Illusion sind die ersten Schritte auf dem Weg zu der Erkenntnis, dass wir und alle anderen Lebewesen, als auch alle anderen Objekte und Dinge nicht so konkret und autonom existieren, wie sie uns erscheinen. Wenn Sie richtig und fehlerfrei beurteilen wollen, wer Sie wirklich sind, dann müssen Sie sich den Unterschied bewusst machen zwischen dem, wie Sie selbst Ihrem Geist erscheinen und dem, wie Sie wirklich existieren. Und das Gleiche gilt für alle anderen Menschen und für alle anderen Phänomene der Welt.

Meditative Kontemplation

Betrachten Sie:

1. Alle kontraproduktiven Emotionen basieren auf der Unwissenheit über die wirkliche Natur von Lebewesen und Dingen und hängen von dieser Unwissenheit ab.
2. Es gibt gezielte Methoden, um Begierde und Hass vorübergehend zu unterdrücken. Doch wenn wir der Unwissenheit den Boden entziehen, die die wahre Natur von uns, den anderen und allen Phänomenen falsch begreift, dann werden gleichzeitig *alle* destruktiven Emotionen geschwächt.
3. Unwissenheit betrachtet Phänomene, die nicht in und aus sich selbst heraus exstieren, so, als ob sie unabhängig von Gedanken existierten.

ZWEITES KAPITEL

Die Wurzel aller Probleme erkennen

Angezogen von Licht und Wärme fliegt die Motte in die Flamme.
Betört vom Klang der Gitarre steht das Reh
und bemerkt den Jäger nicht.
Angelockt vom Duft der Blume wird das Insekt in ihr gefangen.
Gierig auf Geschmack eilt der Fisch auf den Angelhaken zu.
In den Schlamm gezogen gibt es kein Entrinnen
für den Elefanten.

Patrul Rinpoche, *Heiliges Wort*

Unsere Sinneswahrnehmungen tragen zu unserer Unwissenheit bei. Für unseren Seh-, Gehör-, Geruchs-, Geschmack- und Tastsinn scheinen die Objekte auf wirkliche Weise aus eigener Kraft heraus zu existieren. Wenn solch eine verzerrte Information unserem Geist präsentiert wird, dann stimmt er diesem übertriebenen Status der Dinge zu. Buddhisten nennen einen solchen Geisteszustand „unwissend", da er diese irrtümliche Erscheinung akzeptiert, statt ihr zu widerstehen. Der unwissende Geist hinterfragt die Erscheinungen nicht, um festzustellen, ob sie auch korrekt sind, sondern akzeptiert einfach, dass die Dinge so sind, wie sie uns erscheinen.

Als nächstes fixieren wir uns dann auf diese scheinbare Wirklichkeit der Konkretheit der Objekte, indem wir denken: „Wenn das nicht wirklich ist, was sonst könnte wirklich sein?" Indem wir dies tun, wird unser unwissendes falsches Verstehen stärker. Wenn wir beispielsweise ein Objekt zum ersten Mal wahrnehmen, dann nehmen wir davon kurz Notiz und nehmen nur das Vorhandensein dieses Objektes wahr. Zu diesem Zeitpunkt ist der Geist noch ziemlich neutral. Wenn uns die Umstände dann dazu veranlassen, dem Objekt mehr Aufmerksamkeit zu schenken, dann erscheint uns das Objekt auf eine Art und Weise attraktiv, als ob diese Attraktivität ein integraler Bestandteil des Objektes wäre. Wenn der Geist dann so am Objekt festhält und denkt, dass das Objekt genau so existiert, wie es uns erscheint, dann können Begierde für das Objekt aufkeimen und Hass auf alles, was uns daran hindert, es zu bekommen.

Wenn es um unser eigenes Selbst geht, dann betonen wir auch diese Verbindung und reden von „*meinem* Körper", „*meinem* Besitz", „*meinen* Freunden" oder „*meinem* Auto". Wir überbetonen die Attraktivität des Objektes, verdecken seine Fehler und Nachteile und entwickeln Anhaftung daran, da es uns scheinbar hilft, Wohlbehagen und Freude zu bekommen. Dadurch werden wir, wie an einem Nasenring, mit Gewalt zur Begierde hingezogen. Oder es kann sein, dass wir die Unattraktivität des Objektes überbetonen, indem wir etwas Unbedeutendes zu einem großen Fehler aufblähen und die guten Qualitäten des Objektes unbeachtet lassen. Jetzt nehmen wir das Objekt als etwas wahr, das unser Wohlbehagen und unsere Freude beeinträchtigt und werden dadurch, wie an einem Nasenring, mit Gewalt zum Hass hingezogen. Selbst wenn uns das Objekt nicht als etwas Angenehmes oder Unangenehmes erscheint, sondern lediglich als etwas ganz Gewöhnliches in der Mitte, besteht die Unwissenheit immer noch fort, auch wenn sie in diesem Fall weder Begierde noch starke Ablehnung oder Hass verursacht. So sagt Nagarjuna in seinen *Sechzig Versen der logischen Beweisführung*:

> Wie wäre es möglich, dass große leidbringende Emotionen nicht in jenen Menschen
> Entstehen, deren Geist sich auf inhärente Existenz verlässt?
> Selbst wenn ein Objekt nur gewöhnlich ist, dann befindet sich doch der Geist dieser Menschen
> Fest im Griff der Schlange der leidbringenden Emotionen.

Gröbere Auffassungen von „Ich" und „mein" erzeugen gröbere leidbringende Emotionen wie zum Beispiel Arroganz und Aggressivität. Sie verursachen nur Schwierigkeiten für Sie selbst, für Ihre Gemeinschaft und sogar für Ihr Land. Diese irrtümlichen Auffassungen müssen klar erkannt werden, indem Sie Ihren eigenen Geist beobachten.

So sagte der indische Gelehrte und Yogi Dharmakirti in seiner Darlegung buddhistischen Denkens:

> In jemandem, der das Selbst aufbläht,
> Gibt es immer ein Festhalten am „Ich".
> Durch dieses Festhalten entsteht Anhaftung am Vergnügen.
> Durch Anhaftung werden Nachteile verschleiert
> Und Vorteile wahrgenommen, wodurch starke Anhaftung entsteht,
> Und Objekte, die „mein" sind, werden als Mittel ergriffen, um Sinnesfreuden zu erlangen.
> So lange es ein Haften am Selbst gibt,
> So lange wirst du dich daher im Daseinskreislauf drehen.

Es ist von entscheidender Bedeutung, die unterschiedlichen Gedankenprozesse zu identifizieren und zu erkennen. Einige Gedanken bringen uns ein Objekt einfach nur zu Bewusstsein, wenn wir beispielsweise eine Uhr lediglich als Uhr sehen, ohne irgendeine leidbringende Emotion wie zum Beispiel Begierde. Andere Gedanken ermitteln auf korrekte Weise, dass ein Objekt gut oder schlecht ist, leiten aber noch keine leidbringenden Emotionen ein. Solche Gedanken erkennen lediglich Gutes als gut und Schlechtes als schlecht. Wenn sich jedoch die Ansicht durchsetzt, dass Objekte inhärent existieren, dann wird grundlegende Unwissenheit angestoßen. Und indem die irrtümliche Annahme von inhärenter Existenz stärker wird, werden auch Begierde und Hass entwickelt.

Der Wendepunkt, an dem reines Bewusstsein in eine falsche Annahme umkippt, kommt da, wo die Unwissenheit das Gutsein oder Schlechtsein des Objektes übertreibt, so dass das Objekt *inhärent (aus sich selbst heraus)* gut oder schlecht, *inhärent* attraktiv oder unattraktiv, *inhärent* schön oder hässlich gesehen wird. Indem wir dieses falsche Erscheinen irrtümlicherweise als Tatsache bewerten, öffnen wir das Tor zu Begierde, Hass und unzähligen anderen kontraproduktiven Emotionen. Diese leidbringenden Emotionen führen dann zu Handlungen, die auf Begierde und Hass beruhen. Diese Handlungen wiederum erschaffen karmische Veranlagungen und Neigungen im Geist, die den Prozess des Daseinskreislaufes von einem Leben zum nächsten in Bewegung halten.

DIE WURZEL DES DASEINSKREISLAUFES

Auf diese Weise werden wir durch unsere eigene Unwissenheit zugrunde gerichtet und Leben für Leben in diesem Kreisen des Leidens gefangen gehalten, das wir den Daseinskreislauf nennen. Einige Bewusstseinsebenen in unserem Geist, die wir normalerweise als korrekt und richtig einstufen, sind eigentlich Übertreibungen des Status, den wir Personen und Dingen zuschreiben, und verursachen Schwierigkeiten für uns und für andere. Die Unwissenheit hindert uns daran, die Wirklichkeit zu sehen, wie sie ist, dass nämlich Menschen und andere Phänomene leer sind von inhärenter Existenz, den Gesetzen von Ursache und Wirkung gehorchen, aber kein eigenes essentielles Wesen haben, das unabhängig, in und aus sich selbst heraus existieren würde.

Wir müssen diesen Prozess so gut wie möglich erkennen und schrittweise den Ablauf der Ereignisse besser verstehen, der mit dem unvoreingenommenen Wahrnehmen der Phänomene beginnt und in den kontraproduktiven Emotionen und Handlungen gipfelt. Unwissenheit ist die Grundlage für kontraproduktive Emotionen, ohne Unwissenheit könnten sie nicht entstehen. Daher sagt Nagarjunas Schüler, der indische Gelehrten-Yogi Aryadeva:

> Genauso wie die Fähigkeit zum Fühlen im ganzen Körper vorhanden ist,
> Durchdringt die Unwissenheit alle leidbringenden Emotionen.
> Daher werden alle leidbringenden Emotionen überwunden,
> Indem die Unwissenheit überwunden wird.

Meditative Kontemplation

Betrachten Sie:

1. Erscheint die Attraktivität eines Objektes als integraler Bestandteil dieses Objekts?
2. Verschleiert die Attraktivität eines Objektes dessen Fehler und Nachteile?
3. Führt es zu Begierde, wenn Sie die angenehmen Aspekte eines Objektes überbetonen?
4. Führt es zu Hass und heftiger Ablehnung, wenn Sie die unangenehmen Aspekte eines Objektes überbetonen?
5. Nehmen Sie wahr wie Sie:
   - Ein Objekt zuerst nur wahrnehmen;
   - Dann unterscheiden, ob das Objekt gut oder schlecht ist;
   - Dann daraus schließen, dass das Objekt seine eigene unabhängige Existenzgrundlage hat;
   - Dann daraus schließen, das das Gute oder Schlechte des Objekts inhärent in ihm existieren;
   - Dann auf der Grundlage dieses Urteils entweder Begierde oder Hass entwickeln.

DRITTES KAPITEL

Warum es notwendig ist, die Wirklichkeit zu verstehen

Viel von unserem Planen ist wie ein Warten darauf,
in einer vertrockneten Schlucht zu schwimmen.
Viele unserer Handlungen sind wie Haushalten
in einem Traum.
Verwirrt im Fieberwahn, erkennen wir das Fieber nicht.

Patrul Rinpoche, *Heiliges Wort*

Ohne Selbsterkenntnis und Weisheit darüber, wie wir und all die Dinge um uns herum in Wirklichkeit existieren, können die Hindernisse auf dem Weg zur Befreiung aus dem Daseinskreislauf nicht erkannt und überwunden werden. Ebenso wenig, und das ist noch wichtiger, können die Hindernisse erkannt und überwunden werden, die uns davon abhalten, anderen zu helfen. Ohne Erkenntnis können wir kein einziges Problem an der Wurzel anpacken oder die Samen beseitigen, die in der Zukunft zu Problemen führen können.

Um die falsche Auffassung zu überwinden, dass Dinge und Menschen als selbständige Einheiten existieren und unabhängig von Bewusstsein sind, ist es notwendig, dass wir unseren eigenen Geist beobachten. So können wir herausfinden, wie sich dieser Fehler entwickelt und wie dann die anderen leidbringenden Emotionen auf der Grundlage dieser Unwissenheit entstehen. Angesichts der Tatsache, dass Begierde, Hass, Stolz, Eifersucht, Wut und all die anderen leidbringenden Emotionen aus der Übertreibung der Qualitäten wie zum Beispiel Schönheit und Hässlichkeit entstehen, ist es von entscheidender Bedeutung zu verstehen, wie Personen und Dinge in Wirklichkeit existieren, ohne irgendwelche Übertreibungen.

Der einzige Weg, dieses Verständnis zu entwickeln, liegt im Inneren. Wir müssen die falschen Überzeugungen aufgeben, die wir über die Art und Weise legen, wie die Dinge in Wirklichkeit existieren. Es gibt keine äußerlichen Mittel, um Begierde und Hass zu beseitigen. Wenn ein Dorn in unserem Fleisch steckt, dann können wir ihn für immer mit einer Pinzette entfernen. Um aber eine innere Einstellung zu entfernen, müssen wir zuerst klar die falschen Überzeugungen erkennen, auf denen diese falsche Einstellung beruht. Dazu brauchen wir die Vernunft: um die wahre Natur der Phänomene zu erforschen und uns dann auf das zu konzentrieren, was wir verstanden haben. Das ist der Weg, um Befreiung und Allwissenheit zu erlangen. So sagt Dharmakirti:

> Leidbringende Emotionen können nicht überwunden werden,
> Wenn man nicht den Glauben an das Objekt der leidbringenden Emotion aufgibt.
> Begierde, Hass und so weiter,
> Die an die irrtümliche Wahrnehmung von Vorteilen und Nachteilen geknüpft sind,
> Werden dadurch überwunden, diese (Vorteile und Nachteile) nicht mehr in den Dingen wahrzunehmen
> Durch äußere Wege können sie nicht aufgegeben werden.

Wenn Sie erkennen, dass alle nachteiligen Emotionen und in der Tat alle Probleme aus einem grundlegenden Missverständnis entstehen, dann werden Sie sich wünschen, von dieser Unwissenheit befreit zu werden. Um das zu erreichen, müssen wir logisches Denken heranziehen, welches enthüllt, dass das Überlagern von Phänomenen mit inhärenter Existenz jeglicher Grundlage entbehrt, und dann müssen wir uns durch Meditation auf diese Leerheit von inhärenter Existenz konzentrieren. So sagt Chandrakirti, der ein Schüler von Nagarjuna und Aryadeva war:

> Yogis erkennen mit ihrem Geist, dass alle leidbringenden
> Emotionen und Fehler
> Daraus entstehen, sich selbst als inhärent existent zu betrachten,
> Und in dem Wissen, dass das Selbst das Objekt dieses Missverständnisses ist,
> Widerlegen sie ihre eigene inhärente Existenz.

Auf ähnliche Weise sagt Aryadeva, dass die Erkenntnis der Abwesenheit eines Selbst der Weg ist, um den Daseinskreislauf zu beenden:

> Wenn erkannt wird, dass alle Phänomene ohne wirkliches Selbst sind,
> Wird der Same für den Daseinskreislauf zerstört.

Wenn die Wurzeln eines Baumes abgeschnitten werden, dann vertrocknen auch alle Äste, Zweige und Blätter. Auf dieselbe Weise werden alle Probleme des Daseinskreislaufes untergraben, indem wir das Missverständnis beseitigen, das ihre Ursache ist.

Die größten Gelehrten-Yogis Indiens – Nagarjuna, Aryadeva, Chandrakirti und Dharmakirti – haben erkannt, dass wir die Wirklichkeit nicht erkennen können, solange wir nicht sehen, dass wir Menschen und Dinge mit einer Schicht von Festigkeit und Dauerhaftigkeit überziehen, die in Wirklichkeit gar nicht vorhanden ist. Die Leerheit dieser falschen Zuschreibung muss verstanden werden, und zu diesem Zweck haben sie die Phänomene mit logischen Schlussfolgerungen und mithilfe der buddhistischen Schriften analysiert.

WIE WIR DER MEDITATION BEDEUTUNG VERLEIHEN KÖNNEN

Es ist sehr wichtig, dieses Vorgehen genau zu verstehen. Denn, wenn Sie nicht auf die Abwesenheit des Fehlers, der die Wurzel allen Übels ist, meditieren, dann wird Ihre Meditation am eigentlichen Problem vorbei zielen, selbst wenn Sie denken sollten, dass Ihre Meditation sehr tiefgründig ist. Sie mögen zwar erfolgreich darin sein, Ihren Geist von störenden Objekten zurückzuziehen, das heißt aber noch lange nicht, dass Sie in die Wirklichkeit vertieft sind. Sie müssen aktiv erkennen, dass Objekte einfach nicht auf die Weise existieren, wie Unwissenheit es annimmt.

Wenn jemand unter Angst leidet, da sie oder er fälschlicherweise glaubt, dass sich eine Schlange vor der Tür befindet, dann nützt es wenig, wenn wir darauf hinweisen, dass sich auf der anderen Seite des Hauses ein Baum befindet. Vielmehr müssen wir diesem Menschen zeigen, dass sich in Wirklichkeit keine Schlange vor der Tür befindet. Auf ähnliche Weise müssen wir verstehen, dass genau die Objekte, von denen wir annehmen, dass sie in und aus sich selbst heraus existieren, gerade nicht auf diese Art und Weise existieren, damit wir die Probleme überwinden können, die durch solch eine falsche Ansicht geschaffen werden. Nur indem wir unseren Geist von den Gedanken über etwas zurückziehen oder wir lediglich an etwas anderes denken, setzen wir nicht an der Wurzel des Problems an.

Wir müssen uns klarmachen, dass es völlig unlogische Konsequenzen hätte, wenn Objekte wirklich auf die Art und Weise existierten, wie sie uns erscheinen. Auf dieser Grundlage können wir es vollständig wertschätzen, dass die Phänomene eben nicht auf diese Art und Weise existieren. Menschen und Dinge mögen dann immer noch so erscheinen, als ob sie konkret und unabhängig aus sich selbst heraus existierten, doch wir werden dann wissen, dass dies nicht der Fall ist. Dieses Bewusstsein wird dann schrittweise unsere falschen Auffassungen schwächen und die dadurch verursachten Schwierigkeiten verringern. Die Erscheinungen als die Wirklichkeit zu akzeptieren ist das grundlegende Problem. Daher stellt das Erkennen der Fehlerhaftigkeit von Erscheinungen, mit Hilfe von logischen Beweisführungen, das Gegenmittel dar.

DIE DREI ARTEN, WIE MAN OBJEKTE WAHRNEHMEN KANN

Es gibt drei Modi, wie man ein Objekt geistig erfassen kann:

1. Das Objekt als inhärent existent zu betrachten – das ist der Modus der Unwissenheit.
2. Das Objekt als nicht inhärent existent zu betrachten – das ist der Modus der Selbsterkenntnis und Weisheit.
3. Das Objekt weder als inhärent existent noch als nicht inhärent existent zu betrachten, wenn man beispielsweise etwas auf gewöhnliche Weise sieht, wie zum Beispiel ein Haus.

Auch wenn Sie ein Objekt nicht so betrachten, wie es die Unwissenheit tut – als ob es inhärent existent sei – heißt das noch nicht, dass Sie es als nicht inhärent existent betrachten, wie es die Weisheit tut. Denn es gibt Gedanken, die weder das eine noch das andere tun und somit in die dritte der oben genannten Kategorien fallen. Das ist der Grund, warum Sie gezielt diejenigen Phänomene benennen müssen, bei denen Sie diesen fundamentalen Fehler begehen. Lediglich an etwas anderes zu denken, würde die Unwissenheit nicht umkehren und wäre so, als ob Sie einen Dieb in der Stadt suchen würden, nachdem dieser in den Wald verschwunden ist.

Wenn die Unwissenheit überwunden wird, dann werden Sie die irrtümlichen Annahmen entwurzelt haben, welche die Objekte mit Qualitäten von Schönheit, Hässlichkeit und so weiter überlagern und zwar jenseits von dem, was diese Objekte in Wirklichkeit an Eigenschaften haben. Damit sind alle anderen leidbringenden Emotionen wie Begierde, Hass, Eifersucht, Aggressivität etc., welche Unwissenheit als ihre Wurzel haben, überwunden. Wenn die leidbringenden Emotionen beseitigt sind, dann können sie nicht mehr Ihre Handlungen (Ihr Karma) motivieren. Dann sind Ihre unfreiwilligen Geburten und Wiedergeburten im Daseinskreislauf beendet, die durch Ihre Gewohnheitstendenzen aufgrund Ihrer früheren Handlungen (dem anderen Aspekt von Karma) angetrieben wurden, und Befreiung ist erlangt.

Über diesen Ablauf sollten Sie nachdenken, bis er Ihnen klar geworden ist, um dann, ohne in die Irre zu gehen, nach der Wahrheit zu suchen. Wenn Sie völlig verstanden haben, wie Sie in den Leidenskreislauf eintreten und wie sich davon befreien können, werden Sie eine Wertschätzung dafür entwickeln, wie Personen und Dinge in Wirklichkeit existieren. Wenn Sie nicht verstanden haben, dass Geisteshaltungen, die in den Ruin führen, beseitigt werden können, dann wird Ihnen die Existenz der Befreiung nicht klar sein. Wenn Sie aber verstanden haben, dass fälschliche Annahmen in der Tat aufgelöst werden können, dann wird sich Ihre Absicht, die Befreiung zu erlangen, verstärken. Das ist der Grund, warum Selbsterkenntnis und Weisheit so wichtig sind.

Meditative Kontemplation

Betrachten Sie:

1. Unwissenheit führt dazu, dass wir die Bedeutung von Schönheit, Hässlichkeit und anderen Qualitäten überbetonen.
2. Die Überbetonung dieser Qualitäten führt zu Begierde, Hass, Eifersucht, Aggressivität und so weiter.
3. Diese destruktiven Emotionen führen uns zu Handlungen, die von einem falschen Verständnis verunreinigt sind.
4. Diese Handlungen (Karma) führen zu unfreiwilliger Geburt und Wiedergeburt im Daseinskreislauf und zu wiederholten Verwicklungen in Schwierigkeiten.
5. Das Auflösen der Unwissenheit entzieht unseren Übertreibungen von guten und schlechten Eigenschaften den Boden. Dies wiederum unterhöhlt Begierde, Hass, Eifersucht, Aggressivität und so weiter, was wiederum den Handlungen, die durch falsches Verständnis verunreinigt sind, ein Ende bereitet, wodurch den unfreiwilligen Geburten und Wiedergeburten im Daseinskreislauf ein Ende bereitet wird.
6. Selbsterkenntnis und Weisheit sind der Weg, der zur Befreiung führt.

ZWEITER TEIL

WIE WIR DER UNWISSENHEIT
DEN BODEN ENTZIEHEN KÖNNEN

VIERTES KAPITEL

Die Wucht davon spüren, dass Alles mit Allem in Beziehung steht

Eine Linie, die sechs Zentimeter lang ist,
ist kurz im Vergleich zu einer acht Zentimeter langen Linie.
Eine Linie, die acht Zentimeter lang ist,
ist kurz im Vergleich zu einer zehn Zentimeter langen Linie.

Tibetisches Sprichwort

Wenn die fälschliche Annahme, dass Menschen und Dinge unabhängig existieren, die Ursache für alle anderen kontraproduktiven Ansichten und Emotionen ist, dann ist die Kontemplation über die Tatsache, dass alle Phänomene in Abhängigkeit voneinander entstehen, eines der wichtigsten Mittel, um diese fälschliche Ansicht zu überwinden. Nagarjuna sagt in seinem *Kostbaren Kranz an Ratschlägen*:

> Wenn es etwas Langes gibt, dann muss da auch etwas Kurzes sein.
> Lang und kurz existieren nicht aus sich selbst heraus.

Diese Relativität ist der Grund, warum Buddhisten die Meinung vertreten, dass alle Phänomene etwas in Abhängigkeit Entstandenes sind und nicht etwas in Unabhängigkeit Entstandenes.

Durch Nachdenken über das Entstehen in wechselseitiger Abhängigkeit werden Sie den Glauben verlieren, dass die Dinge in und aus sich selbst heraus existieren. Nagarjuna stellt fest:

Die Annahme von inhärenter Existenz ist die Ursache für alle unheilsamen Ansichten.
Die leidbringenden Emotionen entstehen nicht ohne diesen Fehler.
Wenn Leerheit vollständig erkannt ist,
Werden daher die unheilsamen Sichtweisen und leidbringenden Gefühle vollkommen gereinigt.

Wodurch wird Leerheit erkannt?
Indem wir das Entstehen in Abhängigkeit sehen.
Buddha, der größte Kenner der Wirklichkeit, sagte:
„Was in Abhängigkeit entsteht, entsteht nicht inhärent."

Aryadeva, der ein Schüler Nagarjunas war, sagt auf ähnliche Weise, dass ein Verständnis des Entstehens in Abhängigkeit wesentlich dafür ist, die Unwissenheit zu überwinden:

Alle leidbringenden Emotionen werden überwunden,
Indem die Unwissenheit überwunden wird.
Wenn das Entstehen in Abhängigkeit erkannt ist,
Entsteht Unwissenheit nicht mehr.

Entstehen in Abhängigkeit weist auf die Tatsache hin, dass alle vergänglichen Phänomene, ob diese nun körperlicher, geistiger oder sonstiger Natur sind, in Abhängigkeit von bestimmten Ursachen und Bedingungen entstehen. Was immer in Abhängigkeit von bestimmten Ursachen und Bedingungen entsteht, funktioniert nicht ausschließlich aus eigener Kraft heraus.

Meditative Kontemplation

1. Vergegenwärtigen Sie sich ein vergängliches Phänomen wie zum Beispiel ein Haus.
2. Betrachten Sie, dass dieses Phänomen in Abhängigkeit von bestimmten Ursachen entsteht: Holz, Schreinern, Ziegeln, Dachdeckern und so weiter.

3. Überprüfen Sie, ob diese Abhängigkeit im Konflikt damit steht, dass das Phänomen als in und aus sich selbst heraus existent erscheint.

ENTSTEHEN IN ABHÄNGIGKEIT UND WIRKLICHKEITSSINN

Die Lehre des Entstehens in Abhängigkeit kann überall angewandt werden. Diese Lehre konkret anzuwenden, ist vorteilhaft, da wir ein ganzheitlicheres Bild bekommen. Denn, wie auch immer eine Situation beschaffen sein mag, ob gut oder schlecht, so hängt sie doch von Ursachen und Bedingungen ab. Ein konkretes Ereignis existiert nicht aus sich selbst und aus eigener Kraft heraus, sondern hängt von vielen gegenwärtigen Ursachen und Bedingungen wie auch von vielen vergangenen Ursachen und Bedingungen ab. Wenn das nicht der Fall wäre, könnte es nicht in Erscheinung treten.

Wenn wir von diesem Standpunkt aus denken, dann können wir viel besser das Gesamtbild erfassen. Und aus dieser weiteren Perspektive können wir die Wirklichkeit der Situation, nämlich die Interdependenz dieser Situation, erkennen. Mit Hilfe dieser relationalen Betrachtungsweise wird die Handlung, die wir dann ausführen, viel eher der Realität angemessen sein. Auf der Ebene internationaler Politik kann es beispielsweise vorkommen, dass ein Machthaber ein bestimmtes Problem als von einer einzigen Person verursacht betrachtet, die dann schnell zur Zielscheibe von Handlungen wird. Doch das ist nicht realistisch, das Problem ist viel komplexer. Gewalt ruft eine Kettenreaktion hervor. Selbst wenn die Absicht eine gute sein sollte: ohne diese umfassendere Perspektive wird jeder Versuch, die Situation in den Griff zu bekommen, unrealistisch sein. Die Handlungen haben dann keine gute Grundlage, da das ganzheitliche Bild fehlt und es an Verständnis mangelt für das komplexe Gewebe von beteiligten Ursachen und Wirkungen.

Auch auf dem Gebiet der Medizin ist es nicht ausreichend, sich nur auf ein Spezialgebiet zu konzentrieren, sondern der gesamte Körper muss in Betracht gezogen werden. In der tibetischen Medizin ist der diagnostische Ansatz ganzheitlicher und geht von interaktiven Systemen aus. Und wenn wir im Bereich wirtschaftlichen Handelns ausschließlich hinter dem Profit her sind, dann landen wir schließlich bei der Korruption. Betrachten Sie nur das Anwachsen von Korruption in vielen Ländern. Wenn wir alle wirtschaftlichen Handlungen als moralisch neutral einstufen, dann bedeutet das, dass wir die Augen schließen, wenn es um das Thema Ausbeutung geht. Wenn es „keinen Unterschied macht, ob eine Katze schwarz oder weiß ist", wie man in China sagt, dann stellen wir uns blind gegenüber vielen „schwarzen Katzen", Menschen, die moralisch bankrott sind und eine Menge an Problemen verursachen.

Wenn wir es versäumen, das Gesamtbild in den Blick zu nehmen, bleibt unser Wirklichkeitssinn auf der Strecke. Die Haltung, dass Geld alleine ausreicht und glücklich macht, führt zu unvorhergesehenen Konsequenzen. Wir brauchen Geld, das steht außer Frage. Wenn wir beispielsweise glauben würden, dass es ausreicht, uns ohne Vorbereitungen in einer religiösen Klausur zur Meditation zurückzuziehen, dann hätten wir bald nichts mehr zu essen. Viele Faktoren müssen bedacht werden. Wenn wir uns des Gesamtbildes bewusst werden, dann wird unsere Lebenseinstellung vernünftiger, unsere Handlungen werden pragmatischer, und auf diese Weise können viele positive Resultate erreicht werden.

Der Hauptnachteil der leidbringenden Emotionen ist, dass sie die Wirklichkeit verschleiern. Daher sagt Nagarjuna:

> Wenn die leidbringenden Emotionen und ihre Handlungen aufhören, gibt es die Befreiung.
> Die leidbringenden Emotionen entstehen aus falschen konzeptuellen Auffassungen.

Falsche konzeptuelle Auffassungen sind übertriebene Arten des Denkens, die nicht mit den Tatsachen übereinstimmen. Nehmen wir irgendein Objekt wie zum Beispiel ein Ereignis, einen Menschen oder irgendein anderes Phänomen, das bescheidene vorteilhafte Züge aufweist. Wenn wir dieses Objekt fälschlicherweise als aus sich selbst heraus existent betrachten, als wirklich und real, dann setzen geistige Projektionen ein, die das Gute des Objektes übertreiben, und zwar über das hinaus, was es eigentlich ist, und das wird zu Begierde führen. Das Gleiche geschieht bei Zorn, Hass und heftiger Ablehnung. Hier wird eine negative Eigenschaft des Objektes übertrieben, was dazu führt, dass das Objekt als hundertprozentig schlecht erscheint, und das führt zu einer großen Störung. Vor kurzem hat mir ein Psychotherapeut folgendes gesagt: Wenn wir Zorn oder Hass auf etwas entwickeln, dann werden 90 Prozent der Hässlichkeit des verhassten Objekts durch unsere eigene Übertreibung hervorgerufen. Diese Aussage stimmt mit buddhistischen Vorstellungen über das Entstehen leidbringender Emotionen überein.

Werden Begierde und Hass entwickelt, dann wird die Wirklichkeit nicht mehr wahrgenommen. Vielmehr wird eine geistige Projektion wahrgenommen, die uns extreme Schlechtigkeit oder extreme Gutheit (des Objekts) vorgaukelt und irreführende und der Wirklichkeit nicht entsprechende Handlungen hervorruft. All dies kann verhindert werden, indem wir das Gesamtbild betrachten, das sich enthüllt, wenn wir unsere Aufmerksamkeit auf das Entstehen in Abhängigkeit von allen Phänomenen lenken, auf die Verkettung von Ursachen und Wirkungen, aus denen alle Phänomene entstehen und in der sie existieren.

Von dieser Perspektive betrachtet, treten die Nachteile der leidbringenden Emotionen offen zu Tage. Wenn wir dazu fähig sein wollen, die tatsächliche Situation wahrzunehmen, dann müssen wir freiwillig damit aufhören, uns den leidbringenden Emotionen zu unterwerfen. Denn sie verhindern auf jedem erdenklichen Gebiet die Wahrnehmung der Tatsachen. Wenn wir die Dinge vom Standpunkt der Begierde oder des Hasses aus betrachten, dann werden die Tatsachen immer verschleiert.

Liebe und Mitgefühl beinhalten auch starke Gefühle, die uns sogar dazu veranlassen können, aus Empathie zu weinen. Sie werden aber nicht durch mentale Übertreibungen hervorgerufen, sondern durch eine gültige Erkenntnis der Not von Lebewesen und durch die Einsicht, dass es angemessen ist, uns um das Wohlergehen dieser Lebewesen zu sorgen. Diese Gefühle beruhen auf der Erkenntnis, auf welche Weise die Lebewesen im sogenannten

Daseinskreislauf dem Leiden unterworfen sind, und die Stärke von Liebe und Mitgefühl wird durch das Verstehen von Vergänglichkeit und Leerheit vergrößert. Dies wird im 22. und 23. Kapitel näher erläutert werden. Es kann sein, dass Liebe und Mitgefühl von den leidbringenden Emotionen beeinflusst sind. Doch wahre Liebe und wahres Mitgefühl sind unvoreingenommen und frei von mentalen Übertreibungen, da sie auf der gültigen Erkenntnis unserer Beziehungen zu anderen Menschen und Lebewesen aufbauen. Die Sichtweise des Entstehens in Abhängigkeit ist äußerst nützlich, wenn es darum geht, das Gesamtbild zu erfassen und wertzuschätzen.

DIE ABHÄNGIGKEIT VON DEN EINZELNEN BESTANDTEILEN

Das Konzept des Entstehens in Abhängigkeit bezieht sich auch auf die Tatsache, dass alle vergänglichen und unvergänglichen Phänomene in Abhängigkeit von ihren Bestandteilen existieren. Alles besteht aus einzelnen Bestandteilen. Eine Kanne beispielsweise existiert in Abhängigkeit von ihren Bestandteilen. Dabei können wir die gröberen Bestandteile betrachten wie beispielsweise den Deckel, den Henkel, die Öffnung oder aber die subtileren Bestandteile wie die Moleküle. Ohne ihre wesentlichen Bestandteile kann die Kanne unmöglich existieren. Sie existiert nicht auf die konkrete und unabhängige Weise, in der sie uns erscheint.

Und wie sieht es mit den atomaren Teilchen aus, welche die Bausteine für alle größeren Dinge sind? Könnte es sein, dass diese atomaren Teilchen nicht aus Einzelbestandteilen bestehen? Auch das ist unmöglich, denn, wenn ein Atomarteilchen keine räumliche Ausdehnung hätte, dann könnte es sich nicht mit anderen Teilchen verbinden, um ein größeres Ding zu formen. Teilchenphysiker nehmen heute an, dass man auch die kleinsten Teilchen in kleinere Teilchen zerlegen kann, wenn wir denn Instrumente entwickeln könnten, um dies zu tun. Doch selbst wenn man auf diese Weise eine physikalisch unteilbare Einheit fände, so müsste diese Einheit dennoch eine räumliche Ausdehnung haben und somit Einzelbestandteile, da sie sich ansonsten nicht mit anderen solchen Einheiten verbinden könnte, um irgendetwas Größeres zu formen.

Meditative Kontemplation

1. Vergegenwärtigen Sie sich ein vergängliches Phänomen wie zum Beispiel ein Buch.
2. Betrachten Sie, wie dieses Phänomen in Abhängigkeit von seinen Bestandteilen zustande kommt, den Buchstaben, den Seiten und dem Einband.
3. Überprüfen Sie, ob diese Abhängigkeit von den Einzelbestandteilen mit dem kollidiert, wie Ihnen dieses Buch erscheint, nämlich so, als ob es aus sich selbst heraus bestünde.

DAS BEWUSSTSEIN UNTERSUCHEN

Das Bewusstsein, das eine blaue Vase betrachtet, hat keine räumliche Ausdehnung, da Bewusstsein nicht physikalisch ist. Doch Bewusstsein existiert als eine zeitliche Aneinanderreihung von Momenten. Das Bewusstsein, das eine blaue Vase betrachtet, hat frühere und spätere Momente in seinem zeitlichen Kontinuum. Und diese früheren und späteren Momente, wie kurz sie auch sein mögen, sind Bestandteile eines Bewusstseinsstromes.

Betrachten wir nun den kürzest möglichen Augenblick in einem zeitlichen Kontinuum. Wenn dieser kürzeste Augenblick nicht aus einem früheren und einem späteren Teil bestünde, dann könnte er sich nicht mit anderen kurzen Augenblicken verbinden, um ein zeitliches Kontinuum zu bilden. Und wenn dieser kürzeste Augenblick nicht aus einem früheren und einem späteren Teil bestünde, dann wäre er von einem vorhergehenden Augenblick und einem nachfolgenden Augenblick genau gleich weit entfernt, was bedeuten würde, dass er gar nicht existiert und es überhaupt kein zeitliches Kontinuum gäbe.

Nagarjuna sagt:

> So wie ein einzelner Augenblick ein Ende hat,
> Muss er einen Anfang und eine Mitte haben.
> Auch sein Anfang, seine Mitte und sein Ende
> Müssen wie ein einzelner Augenblick untersucht werden.

Meditative Kontemplation

1. Betrachten Sie Ihr Bewusstsein, wie es eine blaue Vase wahrnimmt.
2. Überlegen Sie, wie dieses Bewusstsein in Abhängigkeit von seinen Einzelbestandteilen entsteht, nämlich den verschiedenen Augenblicken, die ein zeitliches Kontinuum bilden.
3. Überprüfen Sie, ob seine Abhängigkeit von den Einzelbestandteilen mit dem kollidiert, wie Ihnen dieses Bewusstsein erscheint, so als ob es in und aus sich selbst heraus bestünde.

DEN RAUM UNTERSUCHEN

Auch der Raum besteht aus einzelnen Bestandteilen wie beispielsweise der Raum der verschiedenen Himmelsrichtungen (Norden, Süden usw.) oder der Raum, der von einem bestimmten Objekt eingenommen wird.

Meditative Kontemplation

1. Betrachten Sie den Raum im Allgemeinen.
2. Überlegen Sie, wie dieser Raum in Abhängigkeit von seinen Einzelbestandteilen (Norden, Süden, Osten, Westen) entsteht.
3. Überprüfen Sie, ob die Abhängigkeit des Raumes von seinen Einzelbestandteilen mit dem kollidiert, wie Ihnen dieser Raum erscheint, nämlich so, als ob er in und aus sich selbst heraus bestünde.

Ferner:

1. Betrachten Sie den Raum einer Tasse.
2. Überlegen Sie, wie dieser Raum in Abhängigkeit von seinen Bestandteilen – dem oberen Teil der Tasse und dem unteren Teil – entsteht.
3. Überprüfen Sie, ob die Abhängigkeit dieses Raumes von seinen Einzelbestandteilen mit dem kollidiert, wie Ihnen dieser Raum erscheint, nämlich so, als ob er aus eigener Kraft, als in und aus sich selbst heraus bestünde.

FÜNFTES KAPITEL

Die Argumentation des Entstehens in Abhängigkeit wertschätzen

Da es keine Phänomene gibt,
Die nicht in wechselseitiger Abhängigkeit
 entstanden sind,
Gibt es keine Phänomene, die nicht
Leer von inhärenter Existenz sind.

Nagarjuna

Wie im vorhergehenden Kapitel erläutert wurde, haben alle vergänglichen und unvergänglichen Phänomene Einzelbestandteile. Obwohl diese Einzelbestandteile und das Ganze, das sie bilden, voneinander abhängen, *erscheinen* sie uns so, als ob sie ihr jeweils eigenes Dasein hätten. Wenn das Ganze und seine Bestandteile so existierten, wie sie uns erscheinen, dann müssten wir dazu in der Lage sein, auf ein Ganzes zu zeigen, das von seinen Bestandteilen unabhängig ist. Das ist jedoch unmöglich.

Es gibt einen Konflikt zwischen dem, wie uns ein Ganzes und seine Bestandteile erscheinen und dem, wie diese in Wirklichkeit existieren. Das bedeutet jedoch nicht, dass nichts Ganzes existiert, denn wenn kein Ganzes existierte, könnten wir unmöglich von etwas sprechen, das Bestandteil von diesem Ganzen ist. Die Schlussfolgerung hieraus muss sein, dass es etwas Ganzes gibt, dass dessen Existenz aber in Abhängigkeit von seinen Bestandteilen hervorgerufen wird. Das Ganze existiert also nicht unabhängig. Daher sagt Nagarjuna in seiner *Grundlegenden Abhandlung über den mittleren Weg, die „Weisheit" genannt wird*:

Das, was in Abhängigkeit entsteht,
Ist nicht Eins mit dem, wovon es abhängt
Und ist auch nicht inhärent verschieden davon.
Daher ist es nicht Nichts und nicht inhärent existent.

WIE DIE ARGUMENTATION DES ENTSTEHENS IN ABHÄNGIGKEIT FUNKTIONIERT

Entweder abhängig oder unabhängig – außer diesen beiden Kategorien haben wir keine andere Wahl. Wenn ein Phänomen der einen Kategorie angehört, kann es unmöglich der anderen Kategorie angehören. „Abhängig" und „unabhängig" bilden ein Gegensatzpaar. Wenn wir daher etwas sehen, das nicht unabhängig sein und nicht aus eigener Kraft heraus existieren kann, dann gibt es keine andere Wahl, als dass dieses Ding oder Phänomen abhängig von etwas anderem und somit leer davon ist, aus eigener Kraft heraus zu existieren. Betrachten wir das folgendermaßen:

> Die Existenz eines Tisches hängt von seinen Bestandteilen ab. Daher bezeichnen wir die Ansammlung der Bestandteile als die Grundlage, auf der der Tisch aufgebaut wird. Wenn wir mittels logischer Untersuchung diesen Tisch finden wollen, der unserem Geist so erscheint, als ob er unabhängig existiert, dann müssen wir ihn unter diesen seinen Bestandteilen suchen: den Beinen, der Tischplatte und so weiter. Aber keines dieser Bestandteile des Tisches ist solch ein Tisch. Daher werden diese Dinge, die kein Tisch sind, in Abhängigkeit von Gedanken zu einem Tisch. Der Tisch existiert nicht aus sich selbst heraus.

Von diesem Standpunkt aus betrachtet, ist ein Tisch etwas, das in Abhängigkeit entsteht oder existiert. Er hängt von bestimmten Bedingungen ab; er hängt von seinen Bestandteilen ab; und er hängt von Gedanken ab. Das sind die drei Modi des Entstehens in Abhängigkeit. Von diesen dreien ist der Gedanke, der ein Objekt benennt, der wichtigere Faktor.

Die Existenz in Abhängigkeit von begrifflichem Denken ist die subtilste Bedeutung des Entstehens in Abhängigkeit. (Heutzutage entdecken Physiker, dass Phänomene nicht objektiv in und aus sich selbst heraus existieren, sondern auch der Beobachter mit einzubeziehen ist.) Beispielsweise muss das „Ich" des Dalai Lama irgendwo in dem Bereich zu finden sein, wo sich auch mein Körper befindet. Es ist klar, dass dieses „Ich" nirgendwo anders gefunden werden kann. Doch wenn wir in diesem Bereich suchen, dann können wir kein „Ich" finden, das aus sich selbst heraus existiert. Dennoch ist der Dalai Lama ein Mann, ein Mönch, ein Tibeter, jemand, der sprechen, trinken, essen und schlafen kann. Das ist ein ausreichender Beweis dafür, dass er existiert, obwohl er im Licht logischer Untersuchung nicht gefunden werden kann.

Dies bedeutet, dass nichts gefunden werden kann, das dieses „Ich" ist, was aber nicht heißt, dass dieses „Ich" nicht existiert. Wie könnte es nicht existieren? Die Nichtexistenz dieses „Ich" anzunehmen, wäre unsinnig. Das „Ich" existiert eindeutig, doch wenn es existiert und dennoch nicht gefunden werden kann, dann müssen wir sagen, dass es in Abhängigkeit von Gedanken entsteht. Das „Ich" kann auf keine andere Weise postuliert werden.

LEERHEIT BEDEUTET NICHT NICHTS

Es besteht kein Zweifel daran, dass Personen und Dinge existieren. Die Frage ist, wie oder auf welche Weise sie existieren. Wenn wir beispielsweise eine Blume betrachten und denken: „Diese Blume hat eine hübsche Form, eine schöne Farbe und eine angenehme Textur", dann sieht es so aus als ob da etwas Konkretes ist, das diese Eigenschaften der Form, Farbe und Textur besitzt. Wenn wir uns diese Eigenschaften und die Bestandteile der Blume anschauen, dann erscheinen sie uns als Eigenschaften und Bestandteile *der Blume*, wie die Farbe der Blume, die Form der Blume, der Stil der Blume, die Blütenblätter der Blume, so als ob es eine Blume gäbe, die diese Eigenschaften oder diese Bestandteile besitzt.

Wenn die Blume jedoch so existierte, wie sie uns erscheint, dann müssten wir etwas finden können, das von all diesen Eigenschaften und Bestandteilen, die die Blume ausmachen, verschieden ist. Das ist jedoch unmöglich. Solch eine Blume kann weder im Licht unserer logischen Untersuchung noch mit anderen wissenschaftlichen Methoden gefunden werden, selbst wenn uns zuvor die Blume als so substanziell und so leicht zu finden erschien. Da diese Blume bestimmte Wirkungen hat, existiert sie zweifellos. Doch wenn wir eine Blume suchen, die in Übereinstimmung mit unserer Vorstellung über sie existiert, dann kann diese Blume unmöglich gefunden werden.

Ein Objekt, das wirklich in und aus sich selbst heraus existiert, sollte immer offensichtlicher zu Tage treten, wenn man es untersucht, doch genau das Gegenteil ist der Fall. Das bedeutet jedoch nicht, dass es nicht existiert, da es wirksam ist und Wirkungen hervorrufen kann. Die Tatsache, dass dieses Objekt im Lichte unserer logischen Untersuchung nicht gefunden werden kann, ist lediglich ein Hinweis darauf, dass es nicht auf die Art und Weise existiert, wie es unserer Sinneswahrnehmung und unseren Gedanken erscheint: als so konkret und aus sich selbst heraus erschaffen.

Wir untersuchen Phänomene, können diese aber nicht finden. Wenn wir aus dieser Unauffindbarkeit folgern würden, dass die Phänomene nicht existierten, dann gäbe es keine Lebewesen, keine Bodhisattvas, keine Buddhas, nichts Reines und nichts Unreines. Es gäbe keine Notwendigkeit für die Befreiung, und es gäbe keinen Grund, auf die Leerheit zu meditieren. Doch es ist ganz offensichtlich, dass Menschen und Dinge nützen oder schaden, dass Freude und Schmerz existieren, dass wir uns von Schmerzen befreien und Glück erlangen können. Es wäre töricht, die Existenz von Menschen und Dingen zu bestreiten, wenn wir ganz offensichtlich von ihnen beeinflusst werden. Die Annahme, dass Menschen und Dinge nicht existieren, ist eine Leugnung des Offensichtlichen und somit töricht.

Der indische Gelehrten-Yogi Nagarjuna beweist, dass Phänomene leer von inhärenter Existenz sind, mit der Tatsache, dass sie etwas in Abhängigkeit Entstandenes sind. Die Sichtweise, dass

Phänomene nicht inhärent existent sind, ist aber nicht nihilistisch. Nagarjuna sagt nicht, dass die Phänomene leer sind, weil sie keine Funktion erfüllen können, sondern weist auf die Tatsache hin, dass Phänomene in Abhängigkeit von Ursachen und Wirkungen entstehen.

Meditative Kontemplation

Betrachten Sie:

1. Abhängig und unabhängig bilden ein Gegensatzpaar. Alles, was existiert, muss entweder der einen oder der anderen Kategorie angehören.
2. Wenn etwas abhängig ist, dann ist es leer davon, aus eigener Kraft heraus zu existieren.
3. Nirgendwo im Körper und im Geist, die die Grundlage für das „Ich" bilden, können wir dieses „Ich" finden. Daher ist das „Ich" nicht aus eigener Kraft erschaffen, sondern durch die Kraft anderer Bedingungen, nämlich seinen Ursachen, seinen Bestandteilen und dem begrifflichen Denken.

SECHSTES KAPITEL

Die wechselseitige Abhängigkeit aller Phänomene wahrnehmen

Weise Menschen erkennen die Lehre des Entstehens
in Abhängigkeit,
Und nehmen daher keine extremen Sichtweisen an.

Buddha

Aufgrund der Tatsache, dass die Phänomene so *erscheinen*, selbst unseren Sinneswahrnehmungen, als ob sie aus sich selbst heraus existierten, akzeptieren wir fälschlicherweise die Sichtweise, dass die Phänomene auf konkretere Weise existieren, als dies in Wirklichkeit der Fall ist. Auf diese Weise werden wir in die leidbringenden Emotionen hineingezogen und schaffen wir die Grundlage für unser eigenes Verderben. Wir müssen diese Probleme beheben, indem wir immer wieder über die abhängige Beschaffenheit von allem nachdenken.

DIE WUCHT DES ENTSTEHENS IN WECHSELSEITIGER ABHÄNGIGKEIT

Alle Phänomene – nützliche und schädliche, Ursache und Wirkung, dieses und jenes – entstehen in Abhängigkeit von anderen Faktoren und werden durch sie etabliert. Nagarjuna sagt in seinem *Kostbaren Kranz an Ratschlägen*:

> Wenn es dieses gibt, dann entsteht jenes,
> So wie „kurz", wenn es „lang" gibt.

Durch die Herstellung von diesem wird jenes hervorgerufen,
So wie Licht durch das Erzeugen einer Flamme.

In diesem Kontext der wechselseitigen Abhängigkeit entstehen Nutzen und Schaden, können vergängliche Phänomene funktionieren (sind also nicht nur Einbildung) und ist Karma (das Gesetz von Handlungen und ihren Wirkungen) plausibel. Die Existenz von Ihnen ist plausibel, und meine Existenz ist plausibel: Wir sind nicht nur mentale Einbildung. Indem wir das verstehen, befreien wir uns von dem, was Buddhisten als „das Extrem des Nihilismus" bezeichnen: die falsche Schlussfolgerung, dass ein Phänomen überhaupt nicht existiert, wenn es im Licht der logischen Untersuchung nicht gefunden werden kann. Daher sagt Nagarjuna:

Indem man verstanden hat, dass Wirkungen aus Ursachen entstehen,
Postuliert man alle Erscheinungen
Innerhalb der Konventionen dieser Welt
Und lehnt daher die nihilistische Auffassung ab.

Es gibt zwei Extreme: Auf der einen Seite die übertriebene Ansicht, dass Phänomene aus eigener Kraft heraus existieren, und auf der anderen Seite das Verleugnen von Ursache und Wirkung. Diese zwei Extreme sind wie zwei Abgründe, in die unser Geist fallen kann. Dadurch entstehen schädliche Einstellungen, die entweder den Status von Dingen über ihre eigentliche Natur hinaus übersteigern oder aber die Existenz von Ursache und Wirkung insgesamt verneinen. Wenn wir in den Abgrund der Übertreibung fallen, werden wir dazu verleitet, Ansichten über uns selbst zu entwickeln, die über das, was wir eigentlich sind, weit hinausgehen: ein unmögliches Kunststück. Wenn wir in den Abgrund der Verneinung fallen, verlieren wir den Wert einer gesunden ethischen Einstellung aus den Augen und werden in unschöne Handlungen hineingezogen, die unsere eigene Zukunft in Gefahr bringen.

Um die Balance zwischen dem Entstehen in Abhängigkeit und der Leerheit halten zu können, müssen wir zwischen „inhärenter Existenz" und „Existenz an sich" unterscheiden. Und ebenso müssen wir zwischen „Abwesenheit von inhärenter Existenz" und „absoluter Nicht-Existenz" unterscheiden. Das ist der Grund, warum die großen buddhistischen Weisen in Indien, wenn sie die Doktrin der Leerheit erläutert haben, nicht das Argument benutzten, dass Phänomene leer der Fähigkeit sind, eine Funktion zu erfüllen. Vielmehr haben sie gesagt, dass die Phänomene leer von inhärenter Existenz sind, weil sie etwas in Abhängigkeit Entstandenes sind. Wenn Leerheit auf solche Weise verstanden wird, dann werden die beiden oben beschriebenen Extreme vermieden: Die übertriebene Auffassung, dass Phänomene aus eigener Kraft heraus existieren, wird durch die Erkenntnis der Leerheit vermieden, und das Verleugnen von der Existenz einer Funktionalität, also das Verleugnen von Ursache und Wirkung, wird vermieden durch das Verständnis, dass die Phänomene etwas in Abhängigkeit Entstandenes sind und daher nicht absolut nicht-existent.

Daher sagt Chandrakirti:

> Die Argumentation des Entstehens in Abhängigkeit
> Durchschneidet alle Netze der falschen Anschauungen.

Die Argumentation des Entstehens in wechselseitiger Abhängigkeit ist der sicherste Weg, um genauen Kurs zu halten zwischen den beiden Abgründen der falschen Geisteshaltungen und den damit verbunden Leiden.

DIE UNAUSSPRECHLICHKEIT DER WAHRHEIT

Es gab einmal einen Nachwuchsgelehrten in einer Klosteruniversität in Lhasa, der Schwierigkeiten mit logischem Argumentieren hatte. Er konnte zum Beispiel, wenn er in einer Debatte herausgefordert wurde, niemals eine treffende Antwort geben. Einmal verkündete er, er kenne die Antworten alle, könne sie nur nicht in Worte fassen. Man kann sich vorstellen, dass dies zu allgemeiner Erheiterung führte. Auf vergleichbare Weise könnte es der Fall sein, dass wir die Leerheit nicht wirklich verstanden haben, wir aber dennoch tiefgründig erscheinen möchten und dann lediglich die in den buddhistischen Schriften gemachte Aussage wiederholen, dass die Vollkommenheit der Weisheit unvorstellbar und unaussprechlich ist! Doch diese Aussage über die Unvorstellbarkeit und Unaussprechlichkeit der Leerheit drückt lediglich aus, dass die Erkenntnis der Leerheit, *wie sie in einer nicht-dualistischen Meditation direkt erfahren wird*, nicht mit Worten ausgedrückt werden kann. Sie besagt nicht, dass man über die Leerheit nicht reflektieren und nicht auf sie meditieren kann.

Wenn wir Begriffe wie „Leerheit" oder „letztendliche Wirklichkeit" hören, sie aussprechen oder darüber nachdenken, dann erscheinen uns Subjekt und Objekt voneinander getrennt – das wahrnehmende Bewusstsein auf der einen und die wahrgenommene Leerheit auf der anderen Seite, wohingegen in tiefgründiger Meditation Subjekt und Objekt einen einzigen Geschmack haben. Dann sind die wahrgenommene Leerheit und das Bewusstsein, das diese Leerheit wahrnimmt, wie Wasser, das in Wasser gegossen wird und das nicht mehr voneinander unterschieden werden kann.

DIE ÄHNLICHKEIT MIT ILLUSIONEN

Wenn wir das Instrument logischer Untersuchung benutzen, dann können wir kein Lebewesen finden, das von einem Leben zum nächsten wiedergeboren wird. Das heißt jedoch nicht, dass es die Wiedergeburt überhaupt nicht gibt. Wenn wir den Ausführenden einer Handlung, die Handlung selbst und das Objekt der Handlung einer genauen Untersuchung unterziehen, dann stellen wir fest, dass diese nicht unabhängig und aus sich selbst heraus existieren. Dennoch hinterlassen gesunde und ungesunde Handlungen ihre Spuren im Geist der Handelnden, und diese Spuren sind wie Samen, die in diesem oder in einem zukünftigen Leben aufgehen und Früchte tragen werden.

Wenn wir einen Menschen, der in einem Traum erscheint und einen tatsächlichen Menschen im Wachzustand mittels logischer Untersuchung betrachten, dann können wir weder bei dem einen noch bei dem anderen Menschen ein Wesen finden, das aus sich selbst heraus erschaffen ist. Bei einer solchen Untersuchung sind beide gleichermaßen unauffindbar, was aber nicht bedeutet, dass es den Menschen im Wachzustand nicht gibt, oder dass ein Mensch in einem Traum ein wirklicher Mensch wäre. Dies würde allgemeingültiger Wahrnehmung widersprechen. Die Tatsache, dass Menschen und andere Objekte im Lichte genauer Untersuchung nicht auffindbar sind, bedeutet nicht, dass sie nicht existieren, sondern dass sie nicht aus eigener Kraft heraus existieren. Sie existieren aufgrund anderer Faktoren. Leer zu sein davon, aus eigener Kraft heraus zu existieren, bedeutet somit, von anderem abhängig zu sein.

Meditative Kontemplation

Betrachten Sie:

1. Inhärente Existenz hat es nie gegeben, gibt es nicht und wird es niemals geben.
2. Wir nehmen jedoch fälschlicherweise an, dass es sie gibt und werden dadurch in leidbringende Gefühle hineingezogen.
3. Die Annahme, dass Phänomene wirklich existieren, ist ein Extrem der Übertreibung, ein Furcht einflößender Abgrund.
4. Die Annahme, dass vergängliche Phänomene keine Funktion erfüllen oder nicht als Ursache und Wirkung funktionieren können, ist eine extreme Form des Leugnens, ein anderer Furcht einflößender Abgrund.
5. Die Erkenntnis, dass alle Phänomene leer von inhärenter Existenz sind, da sie etwas in Abhängigkeit Entstandenes sind, vermeidet beide Extreme. Die Erkenntnis, dass Phänomene etwas in Abhängigkeit Entstandenes sind, vermeidet das Extrem des gefährlichen Leugnens. Die Erkenntnis, dass Phänomene leer von inhärenter Existenz sind, vermeidet das Extrem der gefährlichen Übertreibung.

SIEBENTES KAPITEL

Entstehen in wechselseitiger Abhängigkeit und Leerheit

Sich auf Handlungen und ihre Auswirkungen zu verlassen,
In dem Wissen der Leerheit der Phänomene,
Ist wunderbarer als selbst das Wunderbare und
Phantastischer als selbst das Phantastische.

Nagarjuna, *Abhandlung über den Erleuchtungsgeist*

Darüber nachzudenken, wie ein Objekt etwas in Abhängigkeit Entstandenes ist, da es in Abhängigkeit von Ursachen und Bedingungen, in Abhängigkeit von seinen Bestandteilen und in Abhängigkeit vom Denken entsteht, ist von großem Nutzen. Denn man überwindet damit die Vorstellung, dass dieses Objekt in und aus sich selbst heraus existiert. Wenn wir jedoch nicht genau verstehen, *wovon* die Phänomene leer sind und *was* negiert wird, dann werden wir am Ende dieser Untersuchung das Gefühl haben, dass das untersuchte Phänomen oder Objekt überhaupt nicht existiert. Dann werden die Phänomene als etwas Kurzlebiges erscheinen, wie eine ausradierte Zeichnung, fast wie ein Nichts. Der Grund für diesen Fehler liegt darin, dass wir keinen Unterschied gemacht haben zwischen „Abwesenheit von *inhärenter* Existenz" und „Nicht-Existenz". Wenn wir es nicht schaffen, zwischen diesen beiden genau zu unterscheiden, dann wird es uns nicht möglich sein, das Entstehen in wechselseitiger Abhängigkeit aller Phänomene wertzuschätzen. Es ist von grundlegender Bedeutung, zu verstehen, dass „Leerheit" gleichbedeutend mit „Entstehen in Abhängigkeit" ist und dass „Entstehen in wechselseitiger Abhängigkeit" gleichbedeutend mit „Leerheit" ist.

DIE PLAUSIBILITÄT VON URSACHE
UND WIRKUNG

Dass alle Handlungen, alle Handelnden und alle Objekte von Handlungen in wechselseitiger Abhängigkeit entstehen, bedeutet, ihre inhärente Existenz zu verneinen. Das müssen wir begreifen lernen. Ebenso müssen wir verstehen, dass Ursache und Wirkung eindeutig existieren. Dass ein Objekt leer von inhärenter Existenz ist, können wir in der Tat durch die Tatsache beweisen, dass es etwas in Abhängigkeit Entstandenes ist. Daher sind in Abhängigkeit entstandene Dynamiken wie Ursache und Wirkung durchaus möglich und plausibel. Leerheit ist nicht ein totales Nichts, das die Existenz aller Phänomene bestreitet, sondern eine Leerheit von inhärenter Existenz. Phänomene sind leer von diesem Status der inhärenten Existenz, sie sind nicht leer von sich selbst. Ein Tisch ist leer von inhärenter Existenz, er ist nicht leer davon, ein Tisch zu sein. So sind aufgrund der Leerheit, das heißt aufgrund der Abwesenheit von inhärenter Existenz, Handlung, Handelnder und Objekt der Handlung möglich.

Auf diese Weise bedeutet Leerheit, dass das Objekt existieren muss, doch das Objekt existiert auf eine andere Weise, als wir uns das vorgestellt haben. Wenn wir ein Gespür für die Leerheit entwickelt haben, dann reicht es nicht aus, wenn wir nur behaupten, dass Phänomene existieren müssen, wir aber kein klares Gefühl davon haben, *wie* die Phänomene existieren. Wir müssen aus der Tiefe unseres Wesens begreifen, dass Verstehen von Entstehen in wechselseitiger Abhängigkeit das Verstehen von Leerheit fördert und dass das Verstehen von Leerheit das Verstehen von Entstehen in wechselseitiger Abhängigkeit fördert.

DIE ARGUMENTATION VON DER LEERHEIT
ZUM ENTSTEHEN IN WECHSELSEITIGER
ABHÄNGIGKEIT

Mir persönlich scheint es einfacher, Leerheit durch die Begründung zu verstehen, dass Personen und Dinge etwas in Abhängigkeit

Entstandenes sind, als zu verstehen, dass ein Objekt etwas in Abhängigkeit Entstandenes sein muss, da es leer von inhärenter Existenz ist. Lassen Sie mich das näher erläutern.

Im Bereich von Falschheit sind Widersprüche durchaus möglich. Beispielsweise altert ein jugendlicher Mensch, oder ein unwissender und ungebildeter Mensch wird zu einem Gelehrten, der viel weiß. In einer Welt, in der es nur inhärent existente und somit fest fixierte Personen und Dinge gäbe, wäre solch ein Wandel unmöglich. Wenn ein Baum wirklich und prinzipiell ein Baum wäre, so wie er im Sommer ist, ausgestattet mit Merkmalen wie Blättern und Früchten, dann könnten äußere Umstände diesen Baum nicht beeinflussen und dazu führen, dass er im Winter diese Eigenschaften verliert. Wenn die Schönheit dieses Baumes aus sich selbst heraus bestünde, dann könnte sie sich aufgrund äußerer Umstände unmöglich in Hässlichkeit verwandeln.

Was falsch ist, kann sich zu allem Möglichen entwickeln, wohingegen das Wirkliche genau so sein muss, wie es ist. Wenn wir uns nicht auf die Aussage von jemandem verlassen können, dann sagen wir, dass diese Aussage möglicherweise falsch ist. Die Tatsache, dass Phänomene eine Beschaffenheit von Falschheit haben, erlaubt so viel Veränderung, vom Guten zum Schlechten, vom Schlechten zum Guten, Entwicklung und Verfall. Da Phänomene, Personen und Dinge frei von der Wirklichkeit sind, sich selbst zu konstituieren, werden sie von Bedingungen beeinflusst und sind dazu in der Lage, sich zu verwandeln. Da Jugendlichkeit keine bleibende Wirklichkeit ist, kann sie sich in hohes Alter wandeln.

Da Phänomene in diesem Sinne falsch sind, können sie sich jederzeit verändern: Zu einer Zeit gibt es in einer bestimmten Gegend viele Menschen, zu einer anderen Zeit weniger; Länder, die in Frieden miteinander leben, fangen an sich zu bekriegen; neue Staaten entstehen und verschwinden wieder von der Landkarte. Gut und schlecht, Wachstum und Verfall, Existenz im Daseinskreislauf und Nirwana, diese Weise und jene Weise: Wandel geschieht auf die unterschiedlichste Art. Dass Menschen und Phänomene sich verändern, zeigt, dass sie eben nicht ihren eigenen individuellen Status, genauso wie sie sind, besitzen und dass sie nicht dazu in der Lage sind, sich selbst zu etablieren. Da sie ohne festes Fundament sind, können sie sich verändern.

Auf diese Weise sind Ursache und Wirkung innerhalb der Leerheit von inhärenter Existenz plausibel. Falls Phänomene aus sich selbst heraus bestünden, könnten sie nicht von anderen Faktoren abhängig sein. Ohne Abhängigkeit von anderen Dingen sind Ursache und Wirkung unmöglich. Da Ursache und Wirkung jedoch plausibel sind, können ungünstige Wirkungen wie zum Beispiel Schmerz vermieden werden, indem man bestimmte Ursachen wie zum Beispiel die Eifersucht aufgibt. Es können auch günstige Wirkungen wie Glück erreicht werden, indem man sich in anderen Ursachen übt, wie zum Beispiel in der Entwicklung von Freude am Erfolg der Mitmenschen.

SICH GEGENSEITIG UNTERSTÜTZENDE ERKENNTNISSE

Falls die Lehre der Leerheit Ihr Verständnis von Ursache und Wirkung beeinträchtigen sollte, dann wäre es besser, sie vorübergehend außer Acht zu lassen. Das Verständnis von Leerheit muss Ursachen und Wirkungen von Handlungen mit einschließen. Falls Sie denken, dass es kein Gut und kein Böse geben kann, da die Phänomene ja leer sind, dann machen Sie es sich unnötig schwer, die Bedeutung der Leerheit zu verstehen. Es ist notwendig, dass wir Ursachen und ihre Wirkungen erkennen und wertschätzen.

Besondere Objekte der Meditation

Es ist manchmal hilfreich, einen Menschen, den Sie in hohen Ehren halten, als das Objekt für diese Art von Untersuchung zu nehmen, beispielsweise Ihren eigenen hochgeschätzten spirituellen Lehrer. Im Lichte der Wertschätzung und Hochachtung für Ihren Lehrer werden Sie nicht den Fehler machen, Ursache und Wirkung zu verleugnen, da sie die positive Wirkung dieses Menschen unmöglich verleugnen können.

Leerheit ist äußerst wichtig, denn wenn Sie die Leerheit gut verstehen, dann können Sie aus dem Kreislauf der leidbringenden Emotionen befreit werden. Wenn Sie die Leerheit nicht verstehen, dann werden Sie, wie an einem Nasenring geführt, in leidbringende Emotionen getrieben, die ein Leben nach dem anderen in Leiden innerhalb des Daseinskreislaufes bewirken. Wenn Sie aber bedenken, dass Ihre Leerheit von Ihnen abhängt, oder dass die Leerheit eines Autos vom Auto abhängt, dann scheint diese Grundlage, von der die Leerheit eine Eigenschaft ist, fast wichtiger als die Leerheit selbst.

So kann es hilfreich sein, wenn Sie manchmal den Schwerpunkt auf die Erscheinung eines Objektes legen, die leer von inhärenter Existenz ist, und manchmal auf die Leerheit von inhärenter Existenz dieses Objektes selbst und dann zwischen diesen beiden hin- und her pendeln, anstatt sich nur auf die Leerheit zu konzentrieren. Solch eine abwechselnde Betrachtung wird Ihnen helfen, sowohl das Entstehen in wechselseitiger Abhängigkeit als auch die Leerheit zu ermitteln, was zeigt, dass die Leerheit nicht aus sich selbst heraus und isoliert existiert, sondern die wirkliche Beschaffenheit der Phänomene ist. So sagt das *Herzsutra*: „Form ist Leerheit, Leerheit ist Form."

Die natürliche Abwesenheit von inhärenter Existenz einer Form ist Leerheit. Leerheit ist nicht etwas Zusätzliches wie beispielsweise ein Hut auf einem Kopf. Leerheit ist die eigentliche Natur der Form, ihre letztendliche Beschaffenheit. Der tibetische Weise Tsongkhapa zitiert hierzu eine Stelle des *Kashyapa Kapitels* aus dem *Sutra des Juwelenschatzes*: „Die Leerheit macht Phänomene nicht leer. Phänomene an sich sind leer." Als ich vor etwa einem Jahr in Ladhak war, entdeckte ich eine ähnliche Stelle im *Sutra der Vollkommenheit der Weisheit in fünfundzwanzigtausend Versen*: „Form wird nicht durch die Leerheit leer gemacht. Form an sich ist leer." Das hat mich dazu angeregt, über diese tiefgründige Aussage nachzudenken, und ich möchte gerne mit Ihnen teilen, was ich herausgefunden habe. Es ist ein bisschen kompliziert, haben Sie bitte ein wenig Geduld mit mir.

Zuallererst ist es unbestreitbar, dass Objekte so erscheinen, als ob sie aus sich selbst heraus bestünden. Auch die meisten Schulen innerhalb des Buddhismus akzeptieren diese Erscheinungsweise der Dinge. Denn, so das Argument dieser Schulen, wenn Objekte wie Tische, Stühle und Körper nicht aus sich selbst heraus bestünden, gäbe es keine Möglichkeit zu postulieren, dass sie existieren. Diese Schulen sagen, dass ein Sehbewusstsein zum Beispiel, das einen Tisch wahrnimmt, gültig ist in Bezug darauf, dass er als tatsächlich bestehend erscheint, und nach der Lehrmeinung dieser Schulen ist es unmöglich, dass ein Bewusstsein gleichzeitig richtig und fehlerhaft ist. Nach der Lehrmeinung der Schule des Mittleren Weges, die Chandrakirti folgt und Konsequenz-Schule genannt wird, und von der wir glauben, dass es die tiefgründigste Darstellung dessen ist, wie Phänomene existieren und wie sie wahrgenommen werden, existieren Phänomene wie Tische, Stühle und Körper nicht aus sich selbst heraus. Das Sehbewusstsein irrt sich in Bezug darauf, dass die Objekte so erscheinen, als ob sie in und aus sich selbst heraus bestünden. Doch das gleiche Sehbewusstsein ist gültig in Bezug auf die Gegenwart des Objekts. Auf diese Weise kann ein Bewusstsein gleichzeitig sowohl gültig als auch fehlerhaft sein – gültig in Bezug auf die Gegenwart des Objektes und seiner Existenz, aber fehlerhaft in Bezug darauf, dass das Objekt so erscheint, als ob es seinen eigenen unabhängigen Status hätte.

Chandrakirti macht geltend, dass Objekte aufgrund des falschen Rahmens unserer gewöhnlichen Wahrnehmung so erscheinen, als ob sie in und aus sich selbst heraus bestünden. In Wirklichkeit ist aber nichts aus sich selbst konstituiert. So *ist* Form an sich leer und wird nicht erst durch die Leerheit leer gemacht. Was ist es, das leer ist? Die Form selbst. Der Tisch selbst. Der Köper selbst. Auf die gleiche Weise sind alle Phänomene leer von ihrer eigenen inhärenten Existenz. Leerheit ist nicht etwas, das vom Geist ausgedacht wird, sondern die Dinge sind von Anfang an so. Erscheinung und Leerheit sind eine Entität und können nicht in unterschiedliche Entitäten differenziert werden.

Meditative Kontemplation

Betrachten Sie:

1. Da alle Personen und Dinge etwas in Abhängigkeit Entstandenes sind, sind sie leer von inhärenter Existenz. Da sie von anderen Faktoren abhängig sind, bedingen sie sich nicht selbst.
2. Da alle Personen und Dinge leer von inhärenter Existenz sind, müssen sie etwas in Abhängigkeit Entstandenes sein. Wenn Phänomene aus eigener Kraft heraus bestünden, könnten sie nicht von anderen Faktoren abhängen: von Ursachen, von ihren eigenen Bestandteilen und vom Denken. Da Phänomene sich nicht selbst verursachen und begründen, können sie sich verändern.
3. Diese beiden Erkenntnisse sollten Hand in Hand arbeiten und sich gegenseitig unterstützen und fördern.

Weiterführende Übung

Ein Verständnis der logischen Begründung des Entstehens in wechselseitiger Abhängigkeit wird Ihre Analyse vertiefen, dass das „Ich" und all die anderen Phänomene weder mit der Grundlage, auf denen sie gebildet werden, identisch, noch von dieser Grundlage verschieden sind. Ein Verständnis des Entstehens in wechselseitiger Abhängigkeit wird Sie auch dazu ermutigen, sich tatkräftig in Großzügigkeit, ethischem Verhalten, Geduld und freudiger Anstrengung zu üben. Liebe und Mitgefühl bilden das Herz dieser Übungen und werden Ihre Fähigkeit für Selbsterkenntnis und Weisheit verbessern. Es ist notwendig, dass diese alle Hand in Hand arbeiten.

Wir alle haben einen Geist, der zu Wissen und Erkenntnis fähig ist. Daher können Sie, wenn Sie sich darum bemühen, Wissen und Erkenntnis erlangen. Dafür ist es notwendig, dass Sie lesen, Vorträge hören und studieren. Sie brauchen eine Perspektive, die auf lange Sicht hin ausgerichtet ist. Und Sie müssen meditieren. Da Sie mit Bewusstsein ausgestattet sind, und da Leerheit etwas ist, das Sie sich vergegenwärtigen können, werden Ihre Bemühungen mit Sicherheit Resultate hervorbringen.

DRITTER TEIL

DIE KRAFT DER MEDITATION UND SELBSTERKENNTNIS NUTZBAR MACHEN

ACHTES KAPITEL

Den Geist fokussieren

Lass Ablenkungen dahin schmelzen, wie Wolken,
die sich im Himmel auflösen.

Milarepa

Es ist wichtig, in allen Bereichen des Denkens zur Analyse fähig zu sein. Wenn Sie dann zu einem Ergebnis gekommen sind, ist es notwendig, Ihren Geist ohne Abschweifungen darauf zu richten. Diese zwei Fähigkeiten – zu analysieren und dann darauf fokussiert zu bleiben – sind grundlegend dafür, dass Sie sich so sehen können, wie Sie wirklich sind. In allen Bereichen spiritueller Entwicklung, unabhängig davon, auf welcher Entwicklungsstufe wir uns befinden, brauchen wir sowohl Analyse als auch meditative Konzentration, um die gewünschten Stadien zu erreichen. Diese Stadien reichen vom Streben nach einer besseren Zukunft für uns selbst, über die Entwicklung von Vertrauen in Ursache und Wirkung unserer Handlungen (Karma), über die Entwicklung der Absicht, das immer wiederkehrende Leiden innerhalb des sogenannten Daseinskreislaufes zu überwinden, über die Entwicklung von Liebe und Mitgefühl bis hin zur Verwirklichung der wahren Natur von Personen und Dingen. All diese Fortschritte und Verbesserungen finden in unserem Geist statt, indem wir die Art und Weise unseres Denkens verändern und unsere Einstellungen mittels Analyse und Fokus umwandeln. Es gibt verschiedene Arten der Meditation, und sie fallen alle in die zwei Hauptkategorien von analytischer Meditation und einsgerichteter Meditation, die auch Einsichtsmeditation und ruhiges Verweilen genannt werden.

Wenn unser Geist zerstreut ist, dann ist er ziemlich kraftlos. Ablenkungen hier und Ablenkungen da öffnen den kontraproduktiven Emotionen Tür und Tor, was zu allen möglichen Arten von Schwierigkeiten führt. Ohne klare und stabile Konzentration kann unsere Erkenntnisfähigkeit die wahre Natur der Phänomene nicht mit voller Kraft erkennen. Wenn Sie im Dunkeln ein Gemälde sehen wollen, dann brauchen sie eine sehr helle Lichtquelle. Doch selbst dann können Sie das Bild immer noch nicht deutlich und in allen Details sehen, wenn dieses Licht unbeständig flackert. Und wenn das Licht beständig und gleich bleibend, aber schwach ist, können Sie das Gemälde auch nicht gut erkennen. Wir brauchen sowohl eine große Klarheit als auch eine Beständigkeit des Geistes (sowohl analytische Meditation als auch einsgerichtete Meditation), wie eine Öllampe, die von keinem Windhauch berührt wird. Der Buddha sagte: „Wenn dein Geist in meditativer Ausgeglichenheit ruht, kannst du die Wirklichkeit erkennen, genauso wie sie ist."

Außer unserem derzeitigen Geist steht uns nichts zur Verfügung, womit wir dies erreichen könnten. Daher müssen wir alle unsere geistigen Fähigkeiten bündeln, um ihn zu stärken. Ein Kaufmann verkauft nach und nach viele kleine Dinge, um ein Vermögen anzusammeln. Auf gleiche Weise müssen die Fähigkeiten unseres Geistes, Tatsachen zu verstehen, zusammengeführt und gebündelt werden, damit die Wirklichkeit mit voller Klarheit erkannt werden kann. Im Normalzustand ist unser Geist jedoch abgelenkt und läuft wie fließendes Wasser überall hin. Die angeborene Kraft unseres Geistes wird in die verschiedensten Richtungen zerstreut, wodurch wir unfähig werden, die Wirklichkeit klar zu erkennen. Wenn unser Geist nicht fokussiert ist, dann wird er, sobald irgendetwas auftaucht, weggelockt. Zuerst rennen wir diesem Gedanken hinterher, dann jenem und schließlich einem anderen Gedanken. Unser Geist ist unbeständig und wankelmütig. Wir können uns nicht auf das konzentrieren, worauf wir uns konzentrieren wollen und werden von irgendetwas anderem weggelockt und treiben so freiwillig in unser eigenes Verderben. Daher sagt der indische Gelehrten-Yogi Shantideva:

Ein Mensch, dessen Geist zerstreut ist,
Befindet sich zwischen den Reißzähnen der leidbringenden Emotionen.

FOKUSSIEREN

Obwohl unser momentaner Geisteszustand von Ablenkungen gekennzeichnet ist, können wir unsere Fähigkeiten zum Wissen, über die wir alle verfügen, bündeln und gezielt auf ein Objekt, das wir verstehen wollen, lenken und fokussieren. Das geschieht zum Beispiel dann, wenn wir wichtigen Anweisungen zuhören. Durch einen derartigen Fokus werden sämtliche Übungen (wie zum Beispiel die Übung in Liebe und Mitgefühl, oder die altruistische Absicht, Erleuchtung zum Wohle aller Lebewesen zu erlangen, oder die Erkenntnis unserer wahren Natur und der tatsächlichen Beschaffenheit aller anderen Phänomene) auf dramatische Weise verbessert, so dass unser Fortschritt viel schneller und viel tiefgründiger ist.

Der Buddhismus bietet viele Techniken an, um einen kraftvollen Zustand der Konzentration zu entwickeln, der „ruhiges Verweilen" genannt wird. Er heißt zurecht „ruhiges Verweilen", da alle Ablenkungen *ruhig* geworden sind und Ihr Geist – von selbst – ununterbrochen, freudvoll und elastisch auf dem ausgewählten inneren Meditationsgegenstand mit enormer Klarheit und stabiler Beständigkeit *verweilt*. Auf dieser Stufe der geistigen Entwicklung benötigt die Konzentration überhaupt keine Anstrengung mehr.

TRÄGHEIT ÜBERWINDEN

Trägheit tritt auf unterschiedlichste Weise in Erscheinung. Alle Formen der Trägheit oder Faulheit führen dazu, die spirituelle Übung auf einen späteren Zeitpunkt zu verschieben. Manchmal bedeutet Trägheit, dass man von der Meditation abgelenkt wird durch ethisch neutrale Handlungen wie zum Beispiel Nähen oder dem Nachdenken darüber, wie man am besten von einem Ort zum anderen kommt. Diese Art von Trägheit kann besonders schädlich sein, da solche Handlungen und Gedanken normalerweise nicht als Problem erkannt werden.

Manchmal manifestiert sich Trägheit auch als Ablenkung in Form von Gedanken über ein Objekt der Begierde oder darüber, wie man es einem Feind heimzahlen kann. Eine andere Art der Trägheit ist das Gefühl, dass man der Aufgabe der Meditation nicht gewachsen ist, sich minderwertig und entmutigt fühlt und denkt: „Wie könnte jemand wie ich jemals so etwas erreichen?" In diesem Fall verkennen wir das große Potential des menschlichen Geistes und die Macht der stufenweisen Übung.

All diese Formen der Trägheit beinhalten, dass man von der Meditation wenig begeistert ist. Wie können wir diese Formen der Trägheit überwinden? Wenn wir die Vorteile betrachten, durch die Meditation geistige und körperliche Geschmeidigkeit zu erlangen, wird das unsere Begeisterung für die Meditation wecken und gleichzeitig der Trägheit entgegenwirken. Wenn Sie einmal die meditative Freude und Glückseligkeit von geistiger und körperlicher Flexibilität entwickelt haben, wird es Ihnen möglich sein, so lange in Meditation zu verweilen, wie Sie es wünschen. Dann wird Ihr Geist vollständig geübt sein, so dass Sie ihn auf jede gewünschte heilsame Handlung ausrichten können. Und alle Fehlfunktionen des Körpers und des Geistes werden sich aufgelöst haben.

VORAUSSETZUNGEN FÜR DIE ÜBUNG

Bei Anfängern können äußere Faktoren einen erheblichen Einfluss auf die Meditation haben, da ihre innere geistige Fähigkeit noch nicht besonders stark entwickelt ist. Daher ist es hilfreich, äußere Geschäftigkeiten einzuschränken und einen ruhigen Ort für die Meditation zu wählen. Wenn Ihre innere Erfahrung fortgeschritten ist, werden äußere Umstände Sie nicht mehr sehr beeinflussen.

In diesem frühen Stadium der Entwicklung von ruhigem Verweilen benötigen Sie einen guten Ort für die Übung, fernab von

Geschäftigkeit und von Menschen, die Begierde oder Hass begünstigen würden. Im Inneren brauchen Sie Zufriedenheit und Mäßigung, ohne großes Begehren nach Essen, Kleidung etc. Sie müssen Ihre Aktivitäten einschränken, Lärm, Aufregung und ständiges Beschäftigtsein vermeiden. Ethisches Verhalten ist besonders wichtig und wird Ihnen Entspannung, Frieden und Gewissenhaftigkeit bringen. All diese Vorbereitungen werden Ihnen helfen, die gröberen Ablenkungen zu verringern.

Als ich Mönch wurde, erforderten es meine Gelübde, dass ich meine äußeren Aktivitäten einschränkte. Dadurch wurde der spirituellen Entwicklung mehr Bedeutung beigemessen. Zurückhaltung ließ mich achtsam werden für mein Verhalten und führte mich dazu, zu beobachten, was in meinem Geist geschah, um sicherzugehen, dass ich meine Gelübde nicht verletzte. Dies bedeutete, dass ich meinen Geist davon abhielt, zu zerstreut zu werden, selbst wenn ich keine bewussten Anstrengungen unternahm, um zu meditieren. Und so wurde ich ständig in die Richtung von einsgerichteter, innerer Meditation gelenkt.

Manche Menschen halten Gelübde für ethisches Verhalten für eine Strafe oder gar für ein Gefängnis. Das ist jedoch völlig falsch. Wenn wir eine Diät machen, dann tun wir dies, um unsere Gesundheit zu verbessern und nicht, um uns zu bestrafen. Auf ähnliche Weise zielen die Regeln und Gelübde des Buddha darauf ab, kontraproduktives Verhalten im Zaum zu halten und die leidbringenden Emotionen zu überwinden, da uns diese zugrunde richten. Für unser eigenes Wohl halten wir uns mit Handlungen und Absichten zurück, die Leiden hervorbringen würden. Aufgrund einer ernsthaften Magenerkrankung, die ich vor einigen Jahren hatte, vermeide ich heutzutage zum Beispiel saure Speisen und kalte Getränke, die ich eigentlich sehr gerne mag. Solch eine Zurückhaltung schützt mich vor weiteren Schmerzen und stellt keine Bestrafung dar.

Buddha hat Regeln für verschiedene Verhaltensweisen dargelegt, um unser Wohlergehen zu verbessern und nicht um uns das Leben schwer zu machen. Die Regeln helfen unserem Geist in der spirituellen Entwicklung.

DIE KÖRPERHALTUNG

Wenn wir uns mit aufrechtem Körper hinsetzen, werden die Energiekanäle im Körper aufgerichtet. Daher ist die Körperhaltung während der Meditation wichtig. Die Energie, die in diesen Kanälen fließt, wird so ins Gleichgewicht gebracht, was wiederum dabei hilft, dass der Geist ausgeglichen wird und somit besser genutzt werden kann. Eigentlich könnten wir auch meditieren, indem wir uns hinlegen, doch eine aufrechte Körperhaltung im Sitzen mit überkreuzten Beinen und den folgenden sieben Merkmalen ist am besten geeignet:

1. Sitzen Sie mit Ihren Beinen überkreuzt, und legen Sie ein extra Kissen unter Ihr Steißbein.
2. Ruhiges Verweilen wird dadurch entwickelt und entfaltet, indem wir den Geist nicht auf ein äußeres, sondern auf ein inneres Objekt richten. Blicken Sie daher nach unten in Richtung Ihrer Nasenspitze, aber nicht zu intensiv. Wenn das unangenehm sein sollte, dann schauen Sie auf den Boden vor Ihnen. Lassen Sie Ihre Augen leicht geöffnet, weder weit geöffnet noch ganz geschlossen. Visuelle Reize werden Ihr geistiges Bewusstsein nicht stören. Wenn sich später Ihre Augen von selbst schließen, dann ist das in Ordnung.
3. Richten Sie Ihr Rückgrat auf, wie einen Pfeil oder eine Säule aus Münzen, ohne sich dabei zurück oder nach vorne zu lehnen.
4. Halten Sie Ihre Schultern gerade, und halten Sie Ihre Hände vier Fingerbreit unterhalb des Bauchnabels. Legen Sie die rechte Hand, Handfläche nach oben in die linke Hand, deren Handfläche auch nach oben zeigt. Die Daumen berühren sich leicht und bilden mit den Handflächen ein Dreieck.
5. Halten Sie Ihren Kopf eben und gerade, so dass sich Ihre Nase auf einer geraden Linie mit Ihrem Bauchnabel befindet, und Ihr Nacken sollte einen ganz leichten Bogen formen, wie der Nacken eines Pfaus.
6. Die Zungenspitze berührt leicht den Gaumen in der Nähe der Schneidezähne. Das verhindert, dass bei längeren Meditationssitzungen Speichel aus Ihrem Mund läuft und verhindert auch,

dass Sie zu heftig atmen, was Ihren Mund und Ihre Kehle trocken werden lassen würde.
7. Atmen Sie ruhig, sanft und gleichmäßig ein und aus.

EINE BESONDERE ATEMTECHNIK

Am Beginn der Meditationssitzung ist es hilfreich, kontraproduktive Energieströme, die auch „Winde" genannt werden, aus Ihrem Körper zu entfernen. Die nun folgende Sequenz von neun Ein- und Ausatmungen wird Ihnen helfen, Impulse zur Begierde oder zum Hass, die Sie vor der Sitzung vielleicht haben, zu beseitigen, so als ob Sie vor der Meditation den Müll hinausbrächten:

Atmen Sie zuerst tief durch das rechte Nasenloch ein, indem Sie das linke Nasenloch mit Ihrem linken Daumen zudrücken. Entfernen Sie dann den Daumen vom linken Nasenloch und schließen Sie gleichzeitig das rechte Nasenloch mit dem Mittelfinger der linken Hand und atmen Sie durch das linke Nasenloch aus. Wiederholen Sie dies dreimal. Danach atmen Sie tief durch das linke Nasenloch ein, indem Sie weiterhin das rechte Nasenloch mit dem Mittelfinger der linken Hand geschlossen halten. Verschließen Sie dann das linke Nasenloch wieder mit dem Daumen Ihrer linken Hand, entfernen Sie gleichzeitig den Mittelfinger der linken Hand vom rechten Nasenloch und atmen Sie durch das rechte Nasenloch aus. Wiederholen Sie dies dreimal. Legen Sie schließlich Ihre linke Hand zurück in den Schoß, so wie oben unter „Körperhaltung" beschrieben und atmen Sie tief durch beide Nasenlöcher ein und dann durch beide Nasenlöcher wieder aus. Wiederholen Sie auch das dreimal. Das ergibt insgesamt neun Atemzüge. Wenn Sie ein- und ausatmen, dann konzentrieren Sie all Ihre Gedanken auf Ihren Ein- und Ausatmungen, indem Sie denken: „Einatmen" und „Ausatmen", oder zählen Sie jeden Atemzug und fangen dafür bei eins an, bis Sie bei zehn angelangt sind und dann wieder zurück zu eins. Konzentrieren Sie sich auf Ihren Atem. Allein schon diese Übung wird Ihren Geist leichter und weiter werden lassen und vorübergehend frei von irgendwelchen Objekten der Begierde oder der Abneigung, die Sie vorher vielleicht noch gehabt haben. Ihr Geist wird dadurch frisch werden.

Vergegenwärtigen Sie sich zu diesem Zeitpunkt deutlich Ihre altruistische Absicht und den Wunsch, anderen zu helfen. Hätten Sie zuvor, noch unter dem Einfluss von Begierde und Hass, versucht, eine heilsame Geisteshaltung zu entwickeln, dann wäre das schwieriger gewesen. Doch nun ist das einfacher und vergleichbar damit, als ob man ein verschmutztes Stück Stoff zum Färben vorbereitet: Nachdem man den Schmutz weggewaschen und dessen Farbe neutralisiert hat, wird der Stoff die neue Farbe leichter annehmen.

Solange Sie leben, atmen Sie. Indem Sie die ganze Kraft Ihres Geistes auf Ihren Atem konzentrieren, der zeitlebens mit Ihnen ist und den Sie sich nicht jedes Mal neu visualisieren müssen, werden zuvor existierende Gedanken dahin schmelzen. Dadurch wird es einfacher, Ihren Geist auf die nachfolgenden Schritte zu lenken.

DER MEDITATIONSGEGENSTAND

Lassen Sie uns nun betrachten, auf was für ein Objckt Sie sich konzentrieren sollten, wenn Sie sich darin üben, ruhiges Verweilen zu erlangen. Da die Auswirkungen von früheren destruktiven Emotionen und Handlungen immer noch in Ihrem Geist schlummern, wird jeder Versuch, Ihren Geist zu konzentrieren, von diesen Kräften mühelos unterbrochen werden können. Wenn es Ihnen bereits gelungen sein sollte, die Leerheit von inhärenter Existenz klar und deutlich in Erfahrung zu bringen, dann könnten Sie das Bild der Leerheit als Objekt Ihrer Konzentration nutzen. Doch anfangs ist es schwer, sich auf ein solch tiefgründiges Thema zu konzentrieren. Normalerweise brauchen Sie ein Objekt der Aufmerksamkeit, das Ihre am stärksten vorhandene destruktive Emotion schwächen wird, ob diese nun Begierde, Hass, Verwirrung, Stolz oder übermäßig viel Denken ist. Das, was jeweils als Fokus genutzt wird, um diesen Tendenzen entgegenzuwirken, wird auch „Objekt, das unser Verhalten läutert" genannt.

Wenn Ihre vorherrschende leidbringende Emotion Begierde ist, dann reagieren Sie auf einen selbst nur mäßig attraktiven Menschen oder ein nur mäßig attraktives Objekt sofort mit Anhaftung. In diesem Fall können Sie über die Bestandteile Ihres Körpers meditieren, vom obersten Teil Ihres Kopfes angefangen bis zu den Sohlen Ihrer Füße, nämlich Haut, Fleisch, Blut, Organe, Knochen, Knochenmark, Urin, Fäkalien und so weiter. Auf oberflächliche Weise betrachtet mag der Körper schön und anziehend wirken. Doch wenn Sie zum Zweck dieser Übung die einzelnen Bestandteile Ihres Körpers genau betrachten, dann wirkt er nicht mehr so schön und anziehend. Allein ein Augapfel für sich alleine betrachtet kann einem schon Furcht einflößen! Ziehen Sie alles in Ihre Betrachtung mit ein, auch Ihre Haare, Fingernägel und Fußnägel.

Als ich einmal Thailand besuchte, waren in der Nähe der Tür eines Klosters Photographien einer Leiche angebracht. Über einen längeren Zeitraum hinweg war täglich ein Photo aufgenommen worden. So waren die Stadien der Verwesung deutlich erkennbar. Diese Photographien waren wirklich sehr hilfreich. Ihr Körper mag Ihnen als schön erscheinen mit einem angenehmen Spannungszustand der Muskeln und der Haut, fest und gleichzeitig weich beim Berühren. Wenn Sie jedoch genau die Bestandteile dieses Körpers untersuchen und den Verfall, dem dieser Körper ausgesetzt ist, dann können Sie leicht erkennen, dass seine wahre Natur von anderer Beschaffenheit ist.

Wenn, aufgrund von entsprechendem Verhalten in vielen früheren Leben, Ihre vorherrschende leidbringende Emotion Hass oder Frustration ist, Sie leicht reizbar sind und aus dem Häuschen geraten, dann können Sie Liebe entwickeln mithilfe des Wunsches, dass alle, denen es an Glück und Zufriedenheit mangelt, mit Glück und den Ursachen für Glück ausgestattet sein mögen.

Wenn Ihre vorherrschende leidbringende Emotion Verwirrung und Dumpfheit ist, vielleicht aufgrund Ihres Glaubens, dass Phänomene ohne Ursachen und Bedingungen entstehen oder dass das Selbst aus eigener Kraft heraus existiert und handelt, dann können Sie über das Entstehen aller Phänomene in Abhängigkeit meditieren, ihre Abhängigkeit von Ursachen und Bedingungen. Ebenso können Sie die die Wiedergeburt im Daseinskreislauf kontemplieren, mit Unwissenheit beginnend und mit Alter und Tod endend. Jedes dieser beiden Meditationsobjekte wird der Verwirrung von falschen Ansichten und Unwissenheit den Boden entziehen und Ihre Intelligenz fördern.

Wenn Ihre vorherrschende leidbringende Emotion, die Sie aus vergangenen Leben mitbringen, Stolz ist, dann können sie über die verschiedenen Kategorien von Phänomenen innerhalb des Gesamtkomplexes Ihres Körpers und Geistes meditieren. Indem Sie den vielen verschiedenen Einzelfaktoren, die diesen Gesamtkomplex ausmachen, Beachtung schenken, wird das der Wahrnehmung eines Selbst entgegenwirken, das von diesen Faktoren verschieden ist. Außerdem werden Sie durch die Betrachtung dieser Einzelfaktoren feststellen, dass es viele Dinge gibt, die Sie nicht wissen, wodurch Ihrem aufgeblähten Selbst ein wenig die Luft abgelassen wird. Heutzutage haben Wissenschaftler, beispielsweise die Physiker, ihre eigenen Kategorien für Phänomene, wie zum Beispiel die sechs verschiedenen Arten von Quarks – up, down, charm, strange, top und bottom – und die vier verschiedenen Kräfte – elektromagnetische, Gravitations-, starke radioaktive und schwache radioaktive Kräfte. Falls Sie denken, dass Sie alles wüssten, brauchen Sie beispielsweise nur an solche Dinge zu denken. Das wird Ihrem Stolz einen Dämpfer versetzen, und Sie werden zu dem Schluss kommen, dass Sie in Wirklichkeit gar nichts wissen.

Wenn Ihre vorherrschende leidbringende Emotion im Hervorbringen zu vieler Gedanken besteht, so dass Ihr Geist umherflattert und an zu viel auf einmal denkt, können Sie auf das Einatmen und Ausatmen, wie oben beschrieben, meditieren. Indem Sie Ihren Geist an den Atem binden, wird der scheinbar endlose Strom von Gedanken, die überallhin umherschweifen, sofort verringert werden.

Falls Sie keine vorherrschende leidbringende Emotion haben, können Sie ein beliebiges dieser Objekte auswählen.

EIN BESONDERER MEDITATIONSGEGENSTAND

Ein besonders hilfreicher Meditationsgegenstand für alle Persönlichkeitstypen ist ein Bildnis des Buddha oder einer anderen religiösen Gestalt: Ihr Geist wird von heilsamen Qualitäten durchdrungen, wenn Sie sich darauf konzentrieren. Wenn Sie sich dieses Bildnis immer wieder visualisieren und Sie es dann mit Klarheit in Ihrem Geist vergegenwärtigen können, dann wird es Sie bei Ihren alltäglichen Aktivitäten begleiten, als wären Sie in der Gegenwart eines Buddha (oder der anderen religiösen Gestalt, die Sie visualisiert haben). Auch wenn Sie krank sind und unter Schmerzen leiden, werden Sie in der Lage sein, diese wunderbare und inspirierende Anwesenheit hervorzurufen. Und selbst wenn Sie sterben werden, wird ein Buddha (oder eine andere visualisierte Gestalt) ständig in Ihrem Geist erscheinen, und Ihr Bewusstsein des jetzigen Lebens wird in einer Haltung von Ehrfurcht und Zartgefühl enden. Das wäre sehr hilfreich, meinen Sie nicht auch?

Stellen Sie sich in Ihrer Meditation einen tatsächlichen Buddha vor, nicht etwa eine Abbildung oder eine Statue. Zuerst müssen Sie die Form und die Eigenschaften des Buddhas, den Sie sich vorstellen, genau kennen lernen, indem Sie eine Beschreibung darüber hören oder indem Sie eine Abbildung genau betrachten. Daran sollten Sie sich gewöhnen, damit ein Abbild davon in Ihrem Geist entstehen kann. Bei einem Anfänger ist das geistige Bewusstsein noch zerstreut und wird leicht zu den verschiedensten Objekten überallhin gezogen. Aus eigener Erfahrung wissen Sie aber, dass sich diese Zerstreutheit verringert, sobald Sie Ihren Blick auf einem Objekt wie zum Beispiel einer Blume ruhen lassen. Auf ähnliche Weise wird sich die Zerstreutheit Ihres Geistes verringern, sobald Sie Ihren Blick auf dem Bildnis eines Buddha ruhen lassen, und schließlich wird es Ihnen möglich sein, ein Abbild davon in Ihrem Geist entstehen zu lassen.

Stellen Sie sich diesen religiösen Gegenstand auf der Höhe Ihrer Augenbrauen vor, etwa ein bis zwei Meter vor Ihnen im Raum und in einer Größe von etwa drei bis zehn Zentimetern. Je kleiner das Objekt ist, desto eingerichteter wird Ihr Geist werden. Das Objekt sollte klar und leuchtend sein, Licht ausstrahlend, aber dennoch kompakt. Die Leuchtkraft des Objektes hilft zu vermeiden, dass die Wahrnehmungsweise des Geistes zu locker wird. Seine Dichte wird den Geist davon abhalten, zu anderen Objekten abzuschweifen.

Jetzt sind die Eigenschaften und die Größe des Betrachtungsgegenstandes für die Dauer der Entwicklung von ruhigem Verweilen fixiert. Sie sollten in Ihrer Meditation nicht davon abweichen, selbst wenn sich der Betrachtungsgegenstand mit der Zeit in Größe, Farbe, Position oder sogar Anzahl verändert. Wenn dies geschieht, dann bringen Sie Ihren Geist auf den ursprünglichen Gegenstand zurück.

Wenn Sie sich zu sehr darum bemühen, dass der Betrachtungsgegenstand leuchtend und klar erscheint, wird dies die Meditation beeinträchtigen. Wenn Sie ständig die Helligkeit des Betrachtungsgegenstandes verändern und anpassen, wird das die Entwicklung von Stabilität verhindern. Eine gewisse Zurückhaltung ist hier notwendig. Wenn der Betrachtungsgegenstand einmal, wenn auch nur vage, in Ihrem Geist erscheint, dann bleiben Sie dabei. Später, wenn das Objekt beständig geworden ist, können Sie schrittweise dessen Helligkeit und Klarheit anpassen, ohne das ursprüngliche Bild zu verlieren.

Meditative Kontemplation

1. Betrachten Sie genau das Bildnis eines Buddha, einer anderen religiösen Gestalt oder eines anderen religiösen Symbols. Nehmen Sie dessen Form, Farbe und Einzelheiten genau wahr.
2. Arbeiten Sie daran, dieses Bildnis innerlich in Ihrem Bewusstsein erscheinen zu lassen. Stellen Sie sich dabei das Bildnis etwa einen bis zwei Meter vor Ihnen, auf der Höhe Ihrer Augenbrauen vor, und zwar in einer Größe von drei bis zehn Zentimetern, wobei kleiner besser ist. Das Objekt scheint hell.
3. Betrachten Sie die Gestalt als tatsächlich vorhanden, ausgestattet mit hervorragenden Eigenschaften von Körper, Rede und Geist.

NEUNTES KAPITEL

Den Geist auf die Meditation einstimmen

Ein Mönch, der Shrona hieß, versuchte zu meditieren.
Doch sein Geist war entweder zu angespannt
oder aber zu locker. Er bat Buddha um Rat,
und Buddha fragte nach: „Als du ein Familienleben
geführt hast, hast du vortrefflich Gitarre gespielt?"
„Ja, das stimmt in der Tat."
„War der Klang richtig, als du die Saiten der Gitarre
ganz straff oder ganz locker gespannt hast?"
„Weder noch. Die Saiten mussten mit Mäßigung
gespannt werden."
Darauf der Buddha: „Genauso ist es hier.
Um zu meditieren musst du die Anspannung
und die Schlaffheit deines Geistes mäßigen."

Patrul Rinpoche, *Heiliges Wort*

Wir versuchen hier, einen meditativen Geist zu entwickeln, der selber von intensiver Klarheit ist, indem das Bewusstsein leuchtend und aufmerksam ist. Wir versuchen ebenso eine Stabilität zu entwickeln, die sich eingerichtet auf das Meditationsobjekt fokussieren kann. *Intensive Klarheit* und *unerschütterliche Stabilität*: Das sind die zwei Eigenschaften des Geistes, die wir benötigen.

Wodurch werden diese zwei Eigenschaften am Entstehen gehindert? Schlaffheit oder Dumpfheit, wenn der Geist zu locker ist, verhindert das Entstehen von Klarheit. Aufgeregtheit oder Agitation, wenn der Geist zu angespannt ist, verhindert das fokussierte Verweilen auf dem Gegenstand der Meditation.

SCHLAFFHEIT

Es gibt grobe, subtile und sehr subtile Formen der Schlaffheit. Bei grober Schlaffheit ist der Meditationsgegenstand überhaupt nicht klar, und der Geist fühlt sich abgesunken oder niedergedrückt an. Bei subtiler Schlaffheit bleiben Sie beim Gegenstand der Meditation, doch Ihrem Geist mangelt es an intensiver Klarheit. Bei sehr subtiler Schlaffheit fehlt die intensive Klarheit nur ein wenig, und Ihr Geist ist nur ein bisschen zu locker.

Schlaffheit entsteht, wenn sich im Verlauf der Meditation der Geist nach innen zurückzieht. Das ist jedoch nicht mit Lethargie zu verwechseln. Lethargie ist eine Schwere und Unbrauchbarkeit von Geist und Körper, da der Geist dumpf geworden ist, was selbst dann geschehen kann, wenn man sich auf ein äußeres Objekt konzentriert. Während der Lethargie ist Ihr Körper schwer, und Ihr Geist ist schwer und in Dunkelheit gefangen. Das hört sich sehr entspannend und erholsam an, nicht wahr? Das war nur ein kleiner Scherz!

AUFGEREGTHEIT

Aufgeregtheit ist ein aufgewühlter Geisteszustand. Er tritt meistens dann auf, wenn wir vom Reiz eines äußeren Objektes der Begierde angezogen werden. Aufgeregtheit kann aber auch jede Zerstreutheit des Geistes sein, wobei das neue Objekt, von dem sich der Geist ablenken lässt, etwas Heilsames sein kann wie zum Beispiel Freigebigkeit, oder etwas Unheilsames wie zum Beispiel Wollust, oder etwas Neutrales wie zum Beispiel Nähen. Während grober Aufgeregtheit vergessen Sie den Gegenstand Ihrer Meditation vollständig und schweifen zu anderen Gedanken ab. Während subtiler Aufgeregtheit geht der Meditationsgegenstand zwar nicht verloren, doch ein kleiner Bereich Ihres Geistes ist mit schnell dahin treibenden Gedanken beschäftigt, so wie Wasser, das sich unter der zugefrorenen Oberfläche eines Flusses bewegt.

Zwischen den Meditationssitzungen ist es wichtig, dass Sie Ihre Sinne einschränken, gemäßigt essen und den eigenen Geist und

Körper gewissenhaft wahrnehmen und beobachten. Ansonsten können all diese Faktoren Schlaffheit und Aufgeregtheit verursachen. Zu viel Schlaf führt im Allgemeinen zu Schlaffheit, wohingegen unrealistische Erwartungen in Bezug auf die Freuden des Lebens zu Aufgeregtheit führen.

DIE LÄNGE DER MEDITATIONSSITZUNG

Wenn Ihre Meditation durch Schlaffheit und Aufgeregtheit beeinträchtigt wird und Sie nichts dagegen unternehmen können, dann ist es besser, kurze aber häufige Meditationssitzungen auszuprobieren, anstatt stur und unbeirrt mit langen Sitzungen fortzufahren. Wenn Sie in der Meditation geübter und diese Probleme geringer werden, dann können Sie die Sitzungen ausdehnen.

Wenn Schlaffheit ein Problem für Sie darstellt, dann ist es hilfreich, bei Tagesanbruch zu meditieren und an einem Ort zu meditieren, der höher liegt. Unmittelbar nachdem Sie aufgewacht sind, sind Ihre Sinneswahrnehmungen noch nicht vollständig aktiv, doch die Kraft des Denkens und der Wahrnehmung ist schon gegenwärtig. Und da die Sinnesorgane noch nicht vollständig arbeiten, wird es weniger Ablenkungen geben. Aus eigener Erfahrung ist für mich die Morgendämmerung die Zeit, wenn mein eigener Geist am klarsten und schärfsten ist.

ACHTSAMKEIT UND WACHSAMKEIT

Achtsamkeit ist eine Methode, um den eigenen Geist unaufhörlich auf den Gegenstand der Meditation gerichtet zu lassen und ist das Gegenmittel dazu, das Meditationsobjekt zu vergessen. Da bei Anfängern diese Fähigkeit nur in geringem Maße vorhanden ist, ist es notwendig, dass Sie sich darin üben und verbessern, indem Sie Ihren Geist immer wieder auf den Gegenstand der Meditation zurücklenken.

Überprüfen Sie öfters, ob Ihr Geist noch beim Meditationsobjekt verweilt oder nicht. Indem Sie das immer wieder tun, werden

Sie dahin kommen, es sofort zu bemerken, wenn Ihr Geist von etwas anderem abgelenkt wurde. Und schließlich werden Sie es bemerken, wenn Ihr Geist gerade *im Begriff ist*, vom Meditationsobjekt abzuschweifen, und es wird Ihnen möglich sein, den Geist beim Objekt zu halten. Diese Fähigkeit wird Achtsamkeit genannt.

Die Technik, mit der man erkennt, ob Schlaffheit und Aufgeregtheit den Geist davon abhalten, Klarheit und Stabilität zu entwickeln, wird *Wachsamkeit* (oder „Wissen, wie der Geist ist") genannt. Diese häufige Introspektion, ob das Meditationsobjekt klar und stabil ist, wird mit der vollen Kraft des Geistes ausgeführt, aber so, als ob man das von der Seite aus täte, um nicht den Fokus des Geistes auf dem Meditationsobjekt zu beeinträchtigen.

Um kraftvolle Achtsamkeit zu erreichen, müssen wir in der Tat beobachten, ob unser Fokus weiterhin auf dem Meditationsgegenstand liegt oder nicht. Doch an diesem Punkt ist es die besondere Aufgabe der Wachsamkeit zu sehen, ob unser Geist unter den Einfluss von Schlaffheit oder Aufgeregtheit gekommen ist und nicht nur, ob er weiterhin auf den Meditationsgegenstand konzentriert ist oder nicht. So sagt der indische Gelehrten-Yogi Bhavaviveka:

> Der wild umherstreunende Elefant des Geistes,
> Muss mit dem Seil der Achtsamkeit sicher
> Am Pfeiler des Meditationsgegenstands festgebunden
> Und allmählich mit dem Haken der Weisheit gezähmt werden.

Mit Hilfe Ihrer eigenen Erfahrung werden Sie erkennen, wenn der Modus Ihrer Meditation zu aufgeregt oder zu schlaff geworden ist und die am besten geeignete Übung bestimmen, wie Sie diesen Modus anpassen können, was in den nächsten beiden Abschnitten beschrieben wird. So wie sich Ihre Fähigkeit zur Introspektion entwickelt, so werden Sie auch ein inneres Gespür für die richtige Spannung entwickeln: wie beim Stimmen einer Gitarre, wenn man die Spannung der Saiten anpasst, bis die richtige Balance gefunden worden ist, nicht zu stark und nicht zu schwach. Aufgrund der gesammelten Erfahrungen werden Sie schließlich dazu in der Lage sein, Schlaffheit und Aufgeregtheit zu erkennen, kurz bevor diese entstehen, um dann Techniken anzuwenden, die ihr Entstehen verhindern, indem Sie den Modus, wie Ihr Geist den Meditationsgegenstand wahrnimmt, entweder anspannen oder aber lockern.

Meditative Kontemplation

1. Wählen Sie einen Meditationsgegenstand aus, und richten Sie Ihren Geist darauf.
2. Indem Sie Wachsamkeit anwenden, überprüfen Sie von Zeit zu Zeit, ob Ihr Geist beim Gegenstand verbleibt.
3. Wenn Sie bemerken, dass Ihr Geist abgeschweift ist, dann erinnern Sie sich an den Meditationsgegenstand und richten Sie Ihren Geist wieder darauf. Wiederholen Sie diesen Vorgang so oft wie nötig.

Auf diese Weise werden Sie die Fähigkeit zu Introspektion und Achtsamkeit entwickeln.

GEGENMITTEL ANWENDEN

Wenn Sie mit Hilfe der Introspektion erkennen, dass Ihr Geist unter den Einfluss von Schlaffheit oder Aufgeregtheit gekommen ist, oder wenn Sie das Gefühl haben, dass diese gerade dabei sind sich breitzumachen, müssen Sie sofort zu Gegenmitteln gegen diese störenden Einflüsse greifen. Es ist nicht ausreichend, diese Probleme lediglich wahrzunehmen, ohne etwas dagegen zu tun. Erinnern Sie sich daran, dass es auch ein Problem ist, wenn man es versäumt, geeignete Gegenmittel anzuwenden. Stellen Sie sicher, dass Sie die Gegenmittel anwenden. Begehen Sie nicht den Fehler zu denken, dass diese Probleme unwichtig sind oder dass Sie sowieso nichts dagegen unternehmen könnten.

Gegenmittel gegen Schlaffheit

Schlaffheit oder Dumpfheit wird durch ein zu starkes Zurückziehen in sich selbst verursacht. Der Geist wird zu entspannt, es fehlt ihm an Intensität, und die Spannung des Geistes ist abgeschwächt. Schwere des Geistes und des Körpers können dazu führen, dass wir zu entspannt werden, und es kann passieren, dass wir den Meditationsgegenstand komplett vergessen, so als ob wir in Dunkelheit gefallen wären. Das kann sogar soweit führen, dass wir während der Meditation einschlafen. Wenn Schlaffheit anfängt sich breitzumachen, müssen wir den Geist aufrichten, indem wir ihn mehr anspannen.

Wenn Sie eine weitere Methode benötigen, um den Geist zu schärfen, dann lassen Sie den Meditationsgegenstand heller erscheinen oder platzieren Sie ihn etwas höher vor sich. Sie können auch seinen Details mehr Aufmerksamkeit schenken, indem Sie beispielsweise den Bogenschwung der Augenbrauen der Buddhafigur wahrnehmen, falls das Ihr Gegenstand der Meditation ist. Wenn dies nicht funktionieren sollte, dann bleiben Sie in Meditation, verlassen aber den Meditationsgegenstand vorübergehend und denken über ein Thema nach, das Sie freudvoll werden lässt, wie zum Beispiel die wunderbaren Eigenschaften von Liebe und Mitgefühl oder die hervorragenden Möglichkeiten, die ein Leben als Mensch für die spirituelle Übung bietet. Falls das immer noch nichts nützen sollte und Sie immer noch grober Schlaffheit oder Lethargie ausgesetzt sind, dann können Sie die Meditation unterbrechen und an einen höher gelegenen Ort gehen oder an eine Stelle, von der Sie einen weiten Ausblick haben. Solche Methoden werden Ihren dumpfen Geist wacher und schärfer werden lassen.

Gegenmittel gegen Aufgeregtheit

Wenn Ihr Geist zu aufgewühlt ist und Sie bereits versucht haben, die Spannung des Geistes zu lockern, dies aber erfolglos geblieben ist, dann brauchen Sie eine weitere Technik, um den Geist ein wenig vom Objekt zurückzuziehen. Hier kann es hilfreich sein, den Meditationsgegenstand etwas zu senken und sich ihn schwerer vorzustellen. Falls dies nicht funktioniert, dann bleiben Sie in Meditation, verlassen aber den Meditationsgegenstand vorübergehend und denken über ein Thema nach, das Sie nüchterner macht, beispielsweise darüber, wie die Unwissenheit das Leiden im Daseinskreislauf verursacht, indem sie uns unter den Einfluss der leidbringenden Emotionen bringt. Oder Sie könnten über das nahe Bevorstehen des Todes nachdenken. Ebenso ist es hilfreich, über die Nachteile des Objektes, zu dem Ihr Geist abgewandert ist, nachzudenken oder über die Nachteile der Ablenkungen an sich. Solche Betrachtungen werden die übermäßige Anspannung des Geistes ein wenig lockern, was Ihnen erlauben wird, Ihren Geist besser auf dem ausgewählten Meditationsgegenstand halten zu können. Wenn dies der Fall ist, dann kehren Sie sofort zum ursprünglichen Objekt der Meditation zurück. Manchmal, wenn ich aufgrund von zu erledigender Arbeit wenig Zeit für die Meditation habe, unterstützt dieses Gefühl der Dringlichkeit eine größere Anstrengung, was meine Achtsamkeit stärkt.

DIE GEGENMITTEL NICHT LÄNGER ANWENDEN

Wenn Sie ein Gegenmittel erfolgreich angewandt haben, ist es notwendig, dass Sie Abstand davon nehmen und dem Meditationsgegenstand wieder Ihre volle Aufmerksamkeit schenken. Nachdem Schlaffheit und Aufgeregtheit überwunden sind, wird ein weiteres und übermäßiges Anwenden von Gegenmitteln die meditative Stabilität, die Sie zu erreichen suchen, nur stören. Hier ist es notwendig, wieder beim Gegenstand der Meditation zu verweilen und nur gelegentlich zu überprüfen, ob Aufgeregtheit oder Schlaffheit gerade dabei sind zu entstehen.

Wenn Sie später große Fortschritte in der Meditation erzielt haben und keine Gefahr mehr besteht, dass Sie dabei zu schlaff oder zu aufgeregt werden, dann wird die Entwicklung von eingerichteter Konzentration sogar beeinträchtigt werden, wenn Sie weiterhin der eventuellen Notwendigkeit zur Anwendung von Gegenmitteln Beachtung schenken. Hören Sie jedoch nicht zu früh damit auf, vor diesen Problemen auf der Hut zu sein. Im nun folgenden Abschnitt werde ich erklären, wann es angemessen ist, dies zu tun.

STUFEN DES FORTSCHRITTS AUF DEM WEG ZU RUHIGEM VERWEILEN

Die buddhistischen Lehren beschreiben neun Stufen des Fortschritts auf dem Weg zu ruhigem Verweilen. Sie stellen eine Landkarte der Meditation dar, die uns sagt, wo wir stehen und was wir tun müssen, um fortschreiten zu können.

Erste Stufe. Den Geist auf den Gegenstand der Meditation richten. Nachdem Sie Anweisungen gehört oder gelesen haben, wie Sie Ihren Geist auf einen Meditationsgegenstand lenken können, Sie dann Ihren Geist nach innen ziehen und versuchen, ihn auf den Gegenstand zu richten, dann kann es sein, dass es Ihnen nicht möglich ist, Ihren Geist beim Meditationsgegenstand zu halten: Ihr Geist ist einem scheinbar endlosen Wasserfall an Gedanken ausgesetzt. Falls dies der Fall ist, dann befinden Sie sich auf der ersten Stufe. Es können sogar so viele Gedanken auftauchen, dass Ihr Versuch zu meditieren dies nur noch zu verschlimmern scheint. Was jedoch in Wirklichkeit geschieht, ist, dass Sie sich lediglich darüber bewusst werden, wie sehr Ihr Geist ständig umherschweift, was Ihnen zuvor verborgen geblieben ist. Ihr Versuch, Achtsamkeit zu entwickeln, führt dazu, dass Sie bemerken, was in Ihrem Geist vor sich geht.

Zweite Stufe. Zeitweiliges Platzieren des Geistes. Indem Sie sich entschlossen und mit Nachdruck weiterhin mit Achtsamkeit in der Meditation üben und sich immer wieder fragen: „Bleibe ich wirklich beim Gegenstand der Meditation?", werden Sie dazu fähig werden, für kurze Augenblicke beim Gegenstand zu verweilen, obwohl es insgesamt immer noch mehr Ablenkung vom Meditationsgegenstand als Aufmerksamkeit dafür gibt. Das ist die zweite Stufe, auf der die umherschweifenden Gedanken manchmal eine

Pause einlegen und manchmal plötzlich wieder auftreten. Auf diesen ersten beiden Stufen werden die meisten Probleme durch Trägheit verursacht und dadurch, dass man den Gegenstand der Meditation vergisst. Doch auch Schlaffheit und Aufgeregtheit verhindern ein beständiges Kontinuum meditativer Aufmerksamkeit. Während der ersten beiden Stufen arbeiten Sie daran, den Geist zum Gegenstand der Meditation zu *bringen*, später werden Sie daran arbeiten, den Geist dort zu *halten*.

Dritte Stufe. Den Geist zurückbringen und erneut platzieren. Durch Achtsamkeit werden Sie nach und nach die Ablenkungen immer früher erkennen. Das ermöglicht Ihnen, Ihre Aufmerksamkeit auf den Meditationsgegenstand zurückzulenken, sobald sie davon abgeschweift ist, so als ob Sie einen löchrigen Stoff mit Flicklappen reparieren. Ihre Achtsamkeit ist nun bis zu dem Punkt gereift, dass Sie Ablenkungen sofort erkennen können.

Vierte Stufe. Nahe dranbleiben. Wenn Ihre Achtsamkeit voll entfaltet ist, sind Sie dazu in der Lage, Trägheit und Vergesslichkeit sofort zu überwinden. Wenn Sie dies können, erreichen Sie die vierte Stufe, auf der Sie den Meditationsgegenstand nicht mehr durch Ihre Vergesslichkeit verlieren. Grobe Aufgeregtheit ist nun überwunden, doch subtile Formen von Aufgeregtheit existieren weiterhin und beeinträchtigen Ihre Meditation hin und wieder, werden aber nicht mehr dazu führen, dass Sie den Meditationsgegenstand aus den Augen verlieren. Auf den ersten drei Stufen waren Trägheit und Vergesslichkeit die Hauptprobleme, mit denen Sie zu kämpfen hatten. Doch nun liegt Ihr Hauptaugenmerk auf Schlaffheit und Aufgeregtheit.

Fünfte Stufe. Den Geist disziplinieren. Wachsamkeit wird jetzt stärker, und anhand Ihrer eigenen Erfahrung erkennen Sie die Vorteile der meditativen Stabilität. Grobe Schlaffheit entsteht nicht mehr. Der Geist wird jetzt zu stark von äußeren Objekten zurückgezogen. Daher ist es notwendig, dass Sie Gegenmittel gegen subtile Schlaffheit anwenden und dadurch den Geist wieder wacher werden lassen.

Sechste Stufe. Den Geist befrieden. Indem Sie Gegenmittel gegen subtile Schlaffheit anwenden, erreichen Sie die sechste Stufe. Die Fähigkeit zur Wachsamkeit ist nun voll entwickelt, und anhand Ihrer eigenen Erfahrung erkennen Sie, dass es nachteilig ist, zu Gedanken und destruktiven Emotionen abzuschweifen. Subtile Schlaffheit stellt keine große Gefahr mehr dar. Diese Gegenmittel, die Ihren Geist wacher werden lassen, können jedoch dazu führen, dass Ihr Geist übermäßig belebt wird. Daher besteht nun die Gefahr, dass Sie subtile Aufgeregtheit entwickeln.

Siebte Stufe. Den Geist ganz und gar befrieden. Indem Sie Gegenmittel gegen subtile Aufgeregtheit anwenden, erreichen Sie die siebte Stufe. Sobald Begierde, Zerstreuung, Schlaffheit, Lethargie und dergleichen auch nur in subtiler Form auftreten, geben Sie sie durch Anstrengung auf. Nun brauchen Sie sich nicht mehr darum zu sorgen, wie noch auf der fünften und sechsten Stufe, unter den Einfluss von subtiler Schlaffheit und Aufgeregtheit zu kommen. Durch Ihre Anstrengungen sind Sie in der Lage, Schlaffheit und Aufgeregtheit zu stoppen, so dass diese Ihre meditative Konzentration nicht mehr beeinträchtigen können, selbst wenn sie geringfügige Unterbrechungen hervorrufen.

Achte Stufe. Den Geist einsgerichtet werden lassen. Die Kraft Ihrer Anstrengungen ist nun voll herangereift, so dass eine kleine Anstrengung am Anfang der Meditationssitzung dazu führt, dass die gesamte Sitzung frei von Schlaffheit und Aufgeregtheit bleibt und Sie dazu in der Lage sind, die meditative Stabilität ohne Unterbrechung aufrecht zu erhalten. Es ist nicht mehr notwendig, während der Meditationssitzung zu überprüfen, ob sich Schlaffheit oder Aufgeregtheit breitmachen. Auf diese Art von Anstrengung kann jetzt verzichtet werden, was aber nicht bedeutet, dass Sie den intensiven und deutlichen Modus lockern sollten, in dem Sie das Meditationsobjekt jetzt wahrnehmen.

Neunte Stufe. Der Geist im meditativen Gleichgewicht. Nachdem Sie auf den vorangegangenen Stufen die Kraft der Vertrautheit in dieser Praxis gewonnen haben, bedarf es nun keiner Anstrengung mehr, Achtsamkeit und Introspektion aufrechtzuerhalten. Der Geist lenkt sich nun aus eigener Kraft auf den Gegenstand der Meditation. Diese neunte Stufe ist spontan. Wenn Sie zu Beginn der Meditationssitzung Ihren Geist auf den Gegenstand lenken, stellt sich sofort meditative Stabilität ein und kann ohne Unterbrechung über einen langen Zeitraum hinweg aus eigener Kraft heraus aufrechterhalten werden. Sie brauchen sogar die kleine Anstrengung am Anfang der Meditationssitzung nicht mehr, die noch auf der achten Stufe notwendig war. Jetzt müssen Sie keine Gegenmittel mehr gegen irgendwelche Arten von Schlaffheit und Aufgeregtheit anwenden.

EIGENSCHAFTEN VON RUHIGEM VERWEILEN

Obwohl die neunte Stufe spontan ist, ist sie noch eine Vorstufe zum eigentlichen ruhigen Verweilen. Durch weitere Entwicklung und Entfaltung von einsgerichteter Konzentration, frei von den Beeinträchtigungen der Schlaffheit und Aufgeregtheit, entsteht Geschmeidigkeit von Geist und Körper.

Zuerst fühlt sich Ihr Gehirn schwer an, aber nicht auf unangenehme Weise. Sie spüren auch ein leichtes Prickeln oben auf dem Kopf, als ob eine warme Hand auf Ihren frisch rasierten Kopf gelegt wird. Dies ist ein Hinweis darauf, dass demnächst *geistige Geschmeidigkeit* entstehen wird, die alle geistigen Fehlfunktionen beseitigt, welche völlig einfache meditative Konzentration verhindern. Das ist eine geistige Leichtigkeit, die nur in der Meditation entwickelt werden kann, wenn der Geist glücklich auf seinem Meditationsgegenstand verweilt.

Diese geistige Geschmeidigkeit bewirkt, dass heilsame und positive Energie im ganzen Körper zirkuliert, wodurch *körperliche Geschmeidigkeit* hervorgerufen wird. Diese körperliche Geschmeidigkeit beseitigt alle körperlichen Schwierigkeiten und Fehlfunktionen, die zu Müdigkeit und mangelnder Begeisterung für die Meditation führen. Ihr Körper fühlt sich leicht wie Baumwolle an. Diese körperliche Geschmeidigkeit erzeugt sofort die *Glückseligkeit der körperlichen Geschmeidigkeit*, ein Gefühl von

Wohlbehagen, das den ganzen Körper erfüllt. Jetzt können Sie Ihren Körper, ganz Ihren Wünschen entsprechend, für heilsame Aktivitäten einsetzen.

Diese körperliche Freude führt zu geistiger Freude, die *Glückseligkeit der geistigen Geschmeidigkeit* genannt wird und den Geist mit einer Freude erfüllt, die am Anfang zwar noch etwas zu federnd ist, dann aber allmählich beständiger wird. Zu diesem Zeitpunkt erlangen sie eine *nicht mehr fluktuierende Geschmeidigkeit*. Dies markiert das Erreichen von wirklichem ruhigem Verweilen. Bis zu diesem Zeitpunkt hatten Sie lediglich eine Ähnlichkeit von ruhigem Verweilen verwirklicht.

Wenn voll ausgebildetes ruhiges Verweilen mit besonderer Einsicht verbunden wird, dann ist Ihr Geist kräftig und konzentriert genug, um die leidbringenden Emotionen zu reinigen. Wenn Sie sich in meditatives Gleichgewicht begeben, werden geistige und körperliche Geschmeidigkeit schnell entwickelt, und es ist, als würde sich Ihr Geist mit dem Raum selbst vermischen. Wenn Sie die Meditation verlassen, ist Ihr Körper wie neu, und viele Aspekte der geistigen und körperlichen Geschmeidigkeit bleiben zurück. Außerhalb der Meditation ist Ihr Geist fest wie ein Berg und so klar, dass es Ihnen vorkommt, als könnten Sie die Bestandteilchen einer Wand zählen. Außerdem haben Sie weniger leidbringende Emotionen und Sie sind die meiste Zeit frei von der Begierde nach angenehmen visuellen Eindrücken, Klängen, Gerüchen, Geschmacksempfindungen und Berührungen und ebenso frei von schädlichen Absichten, Lethargie, Schläfrigkeit, Aufgeregtheit, Reue und Zweifel. Auch Ihr Schlaf verwandelt sich mühelos in Meditation, worin Sie viele wunderbare Erfahrungen machen werden.

Meditative Kontemplation

1. Als Gegenmittel gegen Schlaffheit und Dumpfheit, eine zu lockere Art, den Meditationsgegenstand wahrzunehmen:
   - Straffen Sie ein wenig die Art und Weise, in der Sie Ihren Geist auf dem Gegenstand der Meditation halten.

- Falls das nicht funktioniert, dann lassen Sie den Meditationsgegenstand heller erscheinen, oder platzieren Sie ihn etwas höher vor sich, oder schenken Sie seinen genauen Details mehr Aufmerksamkeit.
- Falls das nicht funktioniert, dann verlassen Sie Ihren Meditationsgegenstand und denken Sie für kurze Zeit an ein freudiges Thema wie zum Beispiel die wunderbaren Eigenschaften von Liebe und Mitgefühl, oder die hervorragenden Möglichkeiten, die ein menschliches Leben für die spirituelle Übung bietet.
- Falls das nicht funktioniert, unterbrechen Sie die Meditation und gehen Sie an einen höher gelegenen Ort oder an eine Stelle, von der Sie einen weiten Ausblick haben.

2. Als Gegenmittel gegen Aufgeregtheit oder Agitation, eine zu angespannte Art, den Meditationsgegenstand wahrzunehmen:
- Versuchen Sie zuerst, ein wenig die Art und Weise zu lockern, in der Sie sich den Meditationsgegenstand vorstellen.
- Falls das nicht funktioniert, dann senken sie den Meditationsgegenstand ein wenig ab und stellen Sie sich vor, dass er schwerer ist.
- Falls das nicht funktioniert, dann verlassen Sie Ihren Meditationsgegenstand und denken Sie für kurze Zeit an ein Thema, das Sie nüchterner macht, beispielsweise wie Unwissenheit die Leiden im Daseinskreislauf verursacht, oder dass der Tod möglicherweise nahe bevorsteht, oder die Nachteile des Betrachtungsgegenstandes, zu dem Sie abgeschweift sind, oder die Nachteile der Ablenkung an sich.

Indem Sie sich mit diesen Techniken vertraut machen, werden Sie allmählich die Fähigkeit entwickeln, diese Techniken anzuwenden, sobald Sie bemerken, dass die Qualität Ihrer Aufmerksamkeit in der Meditation nachlässt.

VIERTER TEIL

WIE WIR DIE SELBSTTÄUSCHUNG BEENDEN KÖNNEN

ZEHNTES KAPITEL

Zuerst die Meditation über uns selbst

*Durch eines wird alles erkannt.
Durch eines wird auch alles gesehen.*

Buddha

Es ist die einzelne Person, die Freuden und Leiden erfährt, sie macht uns Schwierigkeiten und häuft Karma an – all den Lärm und das Durcheinander, das vom Selbst verursacht wird. Daher sollten wir die Untersuchung mit uns selbst beginnen. Wenn wir verstanden haben, dass diese Person ohne inhärente Existenz ist, dann können wir diese Erkenntnis auf all die Dinge ausdehnen, die wir genießen, unter denen wir leiden, die wir benutzen. In diesem Sinne ist die oder der Einzelne die Hauptperson.

Das ist der Grund, warum Nagarjuna zuerst die Selbst-Losigkeit von Personen präsentiert und diese dann als ein Beispiel für die Selbst-Losigkeit* von Phänomenen benutzt. In seinem *Kostbaren Kranz an Ratschlägen* sagt er:

> Eine Person ist nicht Erde, nicht Wasser,
> Nicht Feuer, nicht Wind, nicht Raum,
> Nicht Bewusstsein, und nicht alle diese zusammen.
> Welche Person gibt es, anders als diese?

---

* Mit Selbst-Losigkeit (im Englischen: selflessness) ist hier nicht Selbstlosigkeit im Sinne von Aufopferungsbereitschaft gemeint, sondern vielmehr die Abwesenheit eines inhärenten Selbst. Das deutsche Wort Ich-Losigkeit trifft den Sinn besser, wenn von Personen die Rede ist, kann bei Gegenständen aber nicht angewandt werden. Selbst-Losigkeit hingegen kann sowohl bei Personen als auch Gegenständen benutzt werden. A.d.Ü.

> Eine Person besteht nicht wirklich aus sich selbst heraus,
> Da sie abhängig entsteht aus der Ansammlung der sechs konstituierenden Bestandteile.
> Genauso existiert jeder einzelne dieser konstituierenden Bestandteile nicht wirklich aus sich selbst heraus,
> Da sie alle ebenfalls wiederum in Abhängigkeit von einer Ansammlung konstituierender Elemente gebildet werden.

Die sechs konstituierenden Bestandteile des Körpers sind: Erde (die festen Substanzen des Körpers); Wasser (seine Flüssigkeiten); Feuer (seine Wärme); Wind (Energie, Bewegung); Raum (die Hohlräume im Körper) und Bewusstsein. Eine Person existiert nicht inhärent, da sie von einer Ansammlung dieser sechs Bestandteile abhängt. Und auch die einzelnen Bestandteile existieren nicht inhärent, da diese wiederum in Abhängigkeit von ihren eigenen Bestandteilen gebildet werden.

Beispiele werden leichter verstanden als das, was sie veranschaulichen sollen. So sagt Buddha im Sutra *König der Meditationen*:

> Wenn du deine falsche Vorstellung von dir selbst genau erkannt hast,
> Solltest du dies geistig auf alle Phänomene anwenden.
> Alle Phänomene sind völlig leer
> Von einer ihnen innewohnenden Existenz, wie der Raum.
> Durch eines wird alles erkannt.
> Durch eines wird auch alles gesehen.

Wenn Sie genau verstanden haben, wie Ihr „Ich" in Wirklichkeit ist, dann können Sie mithilfe dieser Argumentation alle anderen inneren und äußeren Phänomene verstehen. Wenn Sie erkennen, wie *ein* Phänomen – nämlich Sie selbst – existiert, dann können Sie auch die Beschaffenheit von allen anderen Phänomenen verstehen. Daher gehen Sie in der Meditation zuerst von sich selbst aus, indem Sie danach streben, die Abwesenheit Ihrer eigenen inhärenten Existenz zu verstehen. Dann können Sie daran arbeiten, dieselbe Erkenntnis in Bezug auf andere Phänomene zu erlangen.

Meditative Kontemplation

Betrachten Sie:

1. Die einzelne Person ist der Mittelpunkt aller Schwierigkeiten.
2. Daher ist es am besten, wenn Sie zuerst daran arbeiten, Ihre eigene wahre Natur zu verstehen.
3. Danach können Sie diese Erkenntnis auf Ihren Geist und Körper, Ihr Auto, Haus, Ihr Geld und alle anderen Phänomene anwenden.

ELFTES KAPITEL

Erkennen, dass wir nicht in und aus uns selbst heraus existieren

In Abhängigkeit von den Ansammlungen
seiner Einzelbestandteile
Spricht man von einem Wagen.
Auf ebensolche Weise wird ein Lebewesen in Abhängigkeit
Von den geistigen und körperlichen Aggregaten
konventionell definiert.

Buddha

Im Buddhismus hat der Begriff „Selbst" zwei Bedeutungen, die wir deutlich voneinander trennen müssen, um keine Verwirrung zu verursachen. Die eine Bedeutung von „Selbst" ist „Person" oder „Lebewesen". Damit ist ein Lebewesen gemeint, das liebt und hasst, das Handlungen ausführt und dadurch gutes und schlechtes Karma anhäuft, das die Früchte dieser Handlungen erfährt, das im Daseinskreislauf wiedergeboren wird und das sich auf dem spirituellen Weg üben kann, und so weiter.

Die andere Bedeutung des Begriffes „Selbst" kommt in dem Wort „Selbst-Losigkeit" vor und bezieht sich auf die irrtümlich vorgestellte und überkonkretisierte Existenzweise von Dingen und Phänomenen, die wir „inhärente Existenz" nennen. Die Unwissenheit, die an solch einer Übertreibung festhält, ist de facto der Ursprung allen Verderbens und die Mutter aller falschen Einstellungen – man könnte vielleicht sogar sagen: Diese Unwissenheit ist dämonisch. Der unwissende Geist betrachtet das „Ich", welches von geistigen und körperlichen Attributen abhängt und übertreibt dieses „Ich" zu etwas, das inhärent existiert, obwohl die geistigen und körperlichen Attribute und Elemente, die vom Geist betrachtet werden, in keiner Weise solch ein übertriebenes Wesen beinhalten.

Was ist dann die tatsächliche Existenzweise eines Lebewesens? Genauso wie ein Auto in Abhängigkeit von seinen Bestandteilen wie beispielsweise Rädern, Achsen und so weiter existiert, wird ein Lebewesen konventionell in Abhängigkeit von Geist und Körper konstituiert. Weder getrennt vom Geist und Körper noch innerhalb von Geist und Körper kann eine Person gefunden werden.

NUR DEM NAMEN NACH

Deshalb werden im Buddhismus das „Ich" und alle anderen Phänomene auch mit dem Beiwort „nur dem Namen nach" beschrieben. Das bedeutet nicht, dass das „Ich" und alle anderen Phänomene nichts anderes als Worte sind, denn die Worte für all diese Phänomene beziehen sich in der Tat auf wirkliche Objekte. Vielmehr ist es so, dass diese Phänomene nicht in und aus sich selbst heraus existieren. Der Begriff „nur dem Namen nach" schließt die Möglichkeit aus, dass die Objekte aus sich selbst heraus gebildet werden. Diese mahnende Erinnerung haben wir hin und wieder nötig, denn das „Ich" und die anderen Phänomene erscheinen uns nämlich nicht so, als ob sie nur durch Name und Gedanken errichtet werden. Ganz im Gegenteil.

Beispielsweise sagen wir, dass der Dalai Lama ein Mensch ist, ein Mönch und ein Tibeter. Es sieht dann so aus, dass wir dies nicht in Bezug auf den Körper und den Geist des Dalai Lama sagen, sondern in Bezug auf etwas davon Getrenntes. Ohne auch nur einen Moment innezuhalten und nachzudenken, sieht es so aus, als ob es da einen Dalai Lama gäbe, der getrennt von seinem Körper und unabhängig sogar von seinem Geist existierte. Oder betrachten Sie sich selbst. Wenn Ihr Name beispielsweise Maria ist, dann reden wir von „Marias Körper" und „Marias Geist", so als ob es da eine Maria gäbe, die ihren Geist und Körper besäße und einen Geist/Körper, der Maria besitzt.

Wie können wir nun begreifen lernen, dass diese Sichtweise falsch ist? Konzentrieren Sie sich dafür auf die Tatsache, dass es innerhalb Ihres Geistes und Körpers nichts gibt, das Ihr „Ich" sein könnte. Geist und Körper sind leer von einem greifbaren Ich. Vielmehr hängt das „Ich" vom Körper und vom Geist ab, genauso wie ein Auto in *Abhängigkeit von* seinen Bestandteilen besteht und auch nicht einmal die Summe seiner Einzelbestandteile ist. Ein „Ich", das unabhängig von Geist und Körper existiert, gibt es nicht, doch es gibt ein „Ich", das in Abhängigkeit von Geist und Körper und in Übereinstimmung mit den Konventionen dieser Welt existiert. Wenn wir uns darum bemühen zu erkennen, wer wir wirklich sind, dann ist es von großem Nutzen, diese Art von „Ich" zu verstehen: Dieses „Ich" kann innerhalb von Geist und Körper nicht gefunden werden und ist auch nicht die Summe von Geist und Körper. Dieses „Ich" existiert nur durch die Kraft seines Namens und unserer Gedanken.

VIER SCHRITTE ZUR ERKENNTNIS

Auf dem Weg zur Erkenntnis, dass Sie nicht auf die Art und Weise existieren, wie Sie das glauben, gibt es vier Hauptschritte. Diese werde ich zunächst kurz und dann im Detail erläutern.

Der *erste Schritt* besteht darin, die unwissenden Auffassungen zu erkennen, die es zu widerlegen gilt. Dieser Schritt ist aus folgendem Grund notwendig: Wenn Sie logische Untersuchungen durchführen, um sich selbst innerhalb von Geist und Körper oder aber getrennt von Geist und Körper zu finden und Sie dann nichts finden können, könnten Sie schließlich zu der falschen Schlussfolgerung gelangen, dass Sie überhaupt nicht existieren.

Unser „Ich" erscheint unserem Geist so, als sei es in und aus sich selbst heraus gebildet. Wenn wir nun in unseren Untersuchungen dieses „Ich" finden wollen, es aber nicht finden können, dann sieht es so aus, als ob das „Ich" überhaupt nicht existiert. Es ist aber lediglich das unabhängige „Ich", das inhärent existente „Ich", das nicht existiert. Hier besteht die Gefahr, dass wir in die Falle des Nihilismus und der Verneinung laufen. Daher ist es in diesem ersten Schritt von entscheidender Bedeutung genau zu verstehen, was mit „Selbst-Losigkeit" verneint wird.

Wie erscheint Ihr „Ich" Ihrem Geist? Ihr „Ich" erscheint Ihrem Geist nicht so, als ob es lediglich durch die Kraft der Gedanken existierte. Es erscheint vielmehr auf konkretere und substantiellere Weise. Diesen Modus der Wahrnehmung müssen Sie erkennen und identifizieren. Das ist das Ziel Ihrer Untersuchungen.

Der *zweite Schritt* besteht darin, Folgendes zu ermitteln: Wenn das „Ich" so existiert, wie es uns erscheint, dann muss es entweder mit dem Geist und Körper eins sein oder es muss von Geist und Körper verschieden sein. Wenn wir ermittelt haben, dass es keine andere Möglichkeit gibt, dann werden wir im *dritten* und *vierten Schritt* untersuchen, ob das Ich und das Geist-Körper-Gefüge entweder eine einzige inhärent bestehende Einheit oder aber verschiedene inhärent existierende Einheiten sind.

Wie wir in den folgenden Abschnitten erörtern werden, wird es Ihnen mit Hilfe der Meditation schrittweise möglich sein zu verstehen, dass es zu logischen Fehlschlüssen führen würde, wenn das „Ich" eine dieser beiden Möglichkeiten wäre. An diesem Punkt werden Sie leicht erkennen können, dass ein inhärent existentes „Ich" jeglicher Grundlage entbehrt. Das ist die Erkenntnis der Selbst-Losigkeit. Wenn Sie einmal erkannt haben, dass das „Ich" nicht inhärent existiert, wird es einfach sein zu erkennen, dass das, was „mein" ist, auch nicht inhärent existiert.

DER ERSTE SCHRITT: DAS ZIEL FESTLEGEN

Normalerweise sieht alles, was unserem Geist erscheint, so aus, als ob es aus sich selbst heraus bestünde, unabhängig von Gedanken. Nehmen wir ein bestimmtes Objekt wie zum Beispiel uns selbst, eine andere Person, deren Körper oder Geist oder ein materielles Ding: Wenn wir dieses Objekt wahrnehmen und ihm unsere Aufmerksamkeit schenken, dann akzeptieren wir die Erscheinungsweise des Objekts so, als ob sie der letztendliche, innere und wirkliche Zustand des Objektes sei. In Momenten von Stress kann das sehr gut beobachtet werden. Wenn Sie beispielsweise von jemandem für etwas kritisiert werden, das Sie gar nicht getan haben und Sie beschuldigt werden: „*Sie* haben diesen Schaden angerichtet.", denken Sie plötzlich voller Vehemenz: „*Ich* habe das nicht getan!" Es kann sogar sein, dass Sie dies der Beschuldigerin ins Gesicht schreien.

Wie erscheint Ihr „Ich" Ihrem Geist in diesem Moment? Wie scheint dieses „Ich" zu existieren, das Sie so sehr hegen, pflegen und schätzen? Wie nehmen Sie dieses „Ich" wahr? Indem Sie über diese Fragen nachdenken, können Sie ein Gespür dafür entwickeln, wie der Geist ganz natürlich und aus sich selbst heraus das „Ich" so wahrnimmt, als ob es aus eigener Kraft heraus bestünde, als ob es inhärent existierte.

Lassen Sie uns ein anderes Beispiel nehmen: Wenn Sie feststellen, dass Sie etwas äußerst Wichtiges, das Sie tun sollten, vergessen haben, kann es sein, dass Sie sich über Ihren eigenen Geist ärgern: „Oh, mein furchtbar schlechtes Gedächtnis!" Wenn Sie sich über Ihren eigenen Geist ärgern, dann erscheinen das „Ich", das sich ärgert, und der Geist, über den Sie sich ärgern, als voneinander getrennt.

Das Gleiche geschieht, wenn Sie sich über Ihren Körper oder über einen bestimmten Teil Ihres Körpers aufregen, wie zum Beispiel Ihre Hand. Das „Ich", das sich ärgert, scheint sein eigenes und unabhängiges Wesen zu haben, verschieden vom Körperteil, über den Sie sich ärgern. In solchen Momenten können Sie beobachten, wie das „Ich" auf eine Art und Weise erscheint, als ob es alleine bestehen könnte, als wäre es aus sich selbst heraus gebildet, als ob es kraft seiner eigenen Wesensart bestünde. Solch einem Bewusstsein erscheint das „Ich" nicht als etwas, das in Abhängigkeit von Geist und Körper besteht.

Oder können Sie sich an eine Situation erinnern, in der Sie etwas Schlimmes getan haben und Ihr Geist gedacht hat: „Oh je, da habe ich wirklich etwas Furchtbares angerichtet"? In diesem Moment haben Sie sich mit dem Gefühl eines „Ich" identifiziert, das ein eigenes und ganz konkretes Wesen hat, mit einem „Ich", das weder Geist noch Körper ist, sondern etwas anderes, das als viel konkreter und stärker erscheint.

Oder denken Sie an eine Situation, in der Sie etwas Wunderbares getan haben oder eine Situation, wo Ihnen etwas wirklich Schönes widerfahren ist und Sie sehr stolz darauf waren. Dieses „Ich", das Sie so sehr mögen und hochschätzen, das Sie so sehr hegen und pflegen, das Ihnen so überaus wichtig erscheint, war in diesem Moment ganz konkret, so lebhaft deutlich und klar. In solchen Momenten wird unsere Empfindung eines „Ich" besonders deutlich.

Wenn Sie einmal solch eine offensichtliche Manifestation Ihres „Ich" erfasst haben, dann lassen Sie diese starke Empfindung von „Ich" in Ihrem Geist erscheinen. Und indem Sie dieses starke Gefühl von „Ich" halten und nicht schwächer werden lassen, können Sie wie aus einer Ecke Ihres Geistes heraus untersuchen, ob dieses „Ich" wirklich auf die konkrete und feste Weise existiert, in der es erscheint. Im siebzehnten Jahrhundert hat der Fünfte Dalai Lama hierüber mit großer Klarheit gesprochen:

> Manchmal scheint das „Ich" im Kontext des Körpers zu existieren. Manchmal scheint es im Kontext des Geistes zu existieren. Manchmal scheint es im Kontext von Empfindungen, von Wahrnehmungen oder anderen Faktoren zu existieren. Wenn du diese verschiedenen Erscheinungsweisen des „Ich" wahrgenommen hast, wirst du am Ende schließlich ein „Ich" identifizieren, das aus eigener Kraft heraus besteht, das inhärent existiert, das von Anfang an aus sich selbst heraus gebildet wird, das ununterscheidbar von Geist und Körper existiert, die ebenfalls vermischt sind wie Milch und Wasser. Das ist der erste Schritt: Das Ermitteln des Objektes, das aus der Sicht der Selbst-Losigkeit negiert werden soll. Daran solltest du solange arbeiten, bis eine tiefe Erfahrung in dir aufsteigt.

Die verbleibenden drei Schritte werden in den folgenden drei Kapiteln beschrieben und zielen darauf ab zu verstehen, dass diese Art von „Ich", an das wir so sehr glauben und das so viel von unserem Verhalten antreibt, in der Tat nur pure Einbildung ist. Dieses solide und konkrete „Ich" existiert in Wirklichkeit überhaupt nicht. Damit die folgenden Schritte Früchte tragen können, ist es von entscheidender Bedeutung, dieses starke Gefühl eines sich selbst bedingenden „Ich" zu erkennen und vorerst dabei zu verweilen.

Meditative Kontemplation

1. Stellen Sie sich vor, dass jemand mit dem Finger auf Sie zeigt und Sie für etwas kritisiert, das Sie gar nicht getan haben, und Sie beschuldigt: „*Sie* haben diesen Schaden angerichtet."
2. Beobachten Sie Ihre Reaktion. Wie erscheint Ihr „Ich" Ihrem Geist?
3. Wie nehmen Sie Ihr „Ich" wahr?
4. Beobachten Sie, wie das „Ich" so erscheint, als würde es von alleine bestehen, aus sich selbst heraus und durch sein eigenes Wesen bedingt.

Des Weiteren:

1. Erinnern Sie sich an eine Situation, in der Sie Ihres Geistes überdrüssig waren, als Sie zum Beispiel etwas Wichtiges vergessen haben.
2. Blicken Sie auf Ihre damaligen Gefühle zurück. Wie erschien Ihr „Ich" damals Ihrem Geist?
3. Wie nahmen Sie Ihr „Ich" wahr?
4. Beobachten Sie, wie dieses „Ich" so erscheint, als würde es von alleine bestehen, aus sich selbst heraus und durch sein eigenes Wesen bedingt.

Des Weiteren:

1. Erinnern Sie sich an eine Zeit, als Sie Ihren Körper ablehnten oder als Sie einen bestimmten Teils Ihres Körpers, wie zum Beispiel Ihr Haar, nicht gut fanden.
2. Schauen Sie sich Ihre Gefühle genau an. Wie erschien Ihr „Ich" damals Ihrem Geist?
3. Wie nahmen Sie Ihr „Ich" wahr?

4. Beobachten Sie, wie dieses „Ich" so erschien, als würde es von alleine bestehen, aus sich selbst heraus und durch sein eigenes Wesen bedingt.

Des Weiteren:

1. Erinnern Sie sich an eine Zeit, als Sie etwas Schlimmes getan haben und Sie dachten: „Da habe ich wirklich etwas Furchtbares angerichtet."
2. Betrachten Sie Ihre Gefühle. Wie erschien Ihr „Ich" damals Ihrem Geist?
3. Wie nahmen Sie Ihr „Ich" wahr?
4. Beobachten Sie, wie dieses „Ich" so erschien, als würde es von alleine bestehen, aus sich selbst heraus und durch sein eigenes Wesen bedingt.

Des Weiteren:

1. Erinnern Sie sich an eine Zeit, als Sie etwas Gutes oder Schönes getan haben und Sie sehr stolz darauf waren.
2. Untersuchen Sie Ihre Gefühle. Wie erschien Ihr „Ich" damals Ihrem Geist?
3. Wie nahmen Sie Ihr „Ich" wahr?
4. Beobachten Sie, wie dieses „Ich" so erschien, als würde es von alleine bestehen, aus sich selbst heraus und durch sein eigenes Wesen bedingt.

Des Weiteren:

1. Erinnern Sie sich an eine Zeit, als Ihnen etwas Gutes oder Schönes widerfahren ist und Sie das sehr genossen haben.
2. Beobachten Sie Ihre Gefühle. Wie erschien Ihr „Ich" damals Ihrem Geist?
3. Wie nahmen Sie Ihr „Ich" wahr?
4. Beobachten Sie, wie dieses „Ich" so erschien, als würde es von alleine bestehen, aus sich selbst heraus und durch sein eigenes Wesen bedingt.

ZWÖLFTES KAPITEL

Die Alternativen bestimmen

Wenn Phänomene einzeln als „selbst-los" analysiert werden
Und du auf das, was untersucht wurde, meditierst,
Dann ist das die Ursache, um die Frucht,
Nirwana, zu erreichen.
Durch keine andere Ursache gelangt man zum Frieden.

Buddha

Im ersten Schritt haben Sie erkannt, wie Sie Ihrem eigenen Geist erscheinen. Diese Erkenntnis war notwendig, denn wenn Sie kein Gespür dafür entwickelt haben, was inhärente Existenz bedeutet, dann würde ein Sprechen über die Selbst-Losigkeit oder Leerheit lediglich aus leeren Worten bestehen. Wenn Sie ein Gespür dafür entwickelt haben, was es bedeutet, wenn Objekte aus sich selbst heraus existieren und Sie dann über Selbst-Losigkeit und Leerheit studieren, lesen und meditieren, dann ist der Weg dafür frei, dass in Ihrem Geist ein gewisses Verständnis der Abwesenheit von übertrieben konkreter Existenz aufscheint. Es ist wichtig, ein Verständnis davon zu entwickeln, wie es wäre, wenn Objekte tatsächlich solch einen konkreten und übertriebenen Status hätten und wie Sie dem gewöhnlich zustimmen. Denn sonst könnten Sie den Eindruck bekommen, dass die großen buddhistischen Abhandlungen über die Leerheit lediglich versuchten, uns zu zwingen, das zu akzeptieren, was sie sagen. Daher sollten Sie immer wieder zu diesem ersten Schritt zurückkehren. Denn in dem Maße, wie sich Ihr Wissen vertieft, wird Ihre Festlegung des Zieles, das untersucht wird, immer feiner und genauer werden.

DER ZWEITE SCHRITT:
DIE MÖGLICHKEITEN EINSCHRÄNKEN

Jetzt müssen wir eine logische Struktur für die folgende logische Untersuchung entwickeln. Allgemein gesprochen muss alles, was wir mit unserem Geist betrachten, entweder „eins" oder „mehr als eins" sein. Es ist beispielsweise offensichtlich dass „eine Steinsäule und ein Eisentopf" nicht „eins", sondern „mehr als eins" sind. Eine Schale hingegen ist ein einzelnes Objekt und „eins".

Da dies der Fall ist, muss das, was inhärent existent ist, ebenso entweder ein einzelnes Ding sein oder aber mehrere verschiedene Einheiten sein. Es gibt keine andere Möglichkeit. Das wiederum bedeutet, dass das „Ich", wenn inhärent existent, entweder „eins" mit dem Geist/Körper sein oder aber völlig verschieden vom Geist/Körper sein muss („mehr als eins").

Diesen logischen Rahmen müssen wir im Auge behalten. Denn dieser Rahmen bildet den Kontext, innerhalb dessen bei den letzten beiden Schritten untersucht wird, ob das Ziel Ihrer Untersuchung, das Sie im ersten Schritt identifiziert haben, wirklich so konkret und substanziell existiert. Wenn ja, dann muss es dieser Untersuchung standhalten.

Meditative Kontemplation

1. Untersuchen Sie, ob es für das „Ich", das innerhalb des Geist-Körper-Gefüges aus sich selbst heraus und inhärent besteht, eine andere Möglichkeit der Existenz gäbe als diese beiden: entweder Teil vom Geist und Körper zu sein oder aber verschieden davon.
2. Ziehen Sie andere Beispiele zur Betrachtung heran: eine Tasse und einen Tisch, oder ein Haus und einen Berg. Erkennen Sie, dass es außer diesen beiden Möglichkeiten der Existenz (entweder Teil von etwas oder aber verschieden davon zu sein) keine dritte Möglichkeit gibt. Sie müssen entweder dasselbe oder aber verschieden sein.

3. Kommen Sie zu dem Schluss, dass das „Ich", wenn es, so wie es uns gewöhnlich erscheint, inhärent existierte, entweder eins mit dem Geist und Körper und davon unteilbar oder aber verschieden vom Geist und Körper sein muss.

DREIZEHNTES KAPITEL

Das Einssein untersuchen

Die Lehre von der Abwesenheit inhärenter Existenz
Ist diejenige Lehre, die den Geist am wirksamsten läutert.

Nagarjuna, *Loblied auf die Wirklichkeit*

Jetzt sind Sie gut für den dritten Schritt vorbereitet, wo Sie untersuchen werden, ob das „Ich" mit dem Geist/Körper eins sein kann. Betrachten wir die folgenden logischen Zusammenhänge: Wenn das „Ich", so wie es unserem Geist erscheint, in und aus sich selbst heraus bestünde, und wenn es dasselbe wie unser Geist/Körper wäre, dann dürfte es keinen Unterschied geben zwischen unserem „Ich" und unserem Geist/Körper. Unser „Ich" und unser Geist/Körper müssten vollständig und in jeder Hinsicht dasselbe sein. Phänomene, die auf eine bestimmte Art und Weise erscheinen, in Wirklichkeit aber auf eine andere Art und Weise existieren, sind falsch. Was jedoch wirklich in und aus sich selbst heraus existiert, kann unmöglich einen Konflikt aufweisen zwischen dem, wie es erscheint und dem, wie es in Wirklichkeit existiert. Was wirklich wahr ist, muss auf die Art und Weise erscheinen, wie es existiert. Und es muss auf die Art und Weise existieren, wie es erscheint.

Wenn unser „Ich" dasselbe ist wie unser Geist/Körper, hat es dann überhaupt Sinn, die Existenz des „Ich" zu postulieren? Nagarjuna sagt in seiner *Abhandlung über die Mitte*:

> Wenn man annimmt, dass das Selbst nur
> Innerhalb des Geist-Körper-Gefüges existieren kann,
> Dann müsste das Geist-Körper-Gefüge das Selbst sein.
> Wenn dem so wäre, dann wäre dein Selbst nicht existent.

Wenn das „Ich" und das Geist-Körper-Gefüge genau dasselbe sind, dann wäre es unmöglich, an „meinen Körper", „meinen Kopf" oder „meinen Geist" zu denken. Ebenso wäre es unmöglich zu vermuten, dass „mein Körper stärker wird". Und wenn das Selbst und das Geist-Körper-Gefüge eins wären, dann würde das Selbst auch nicht mehr existieren, wenn der Geist/Körper nicht mehr existiert.

Ein zweites Problem besteht darin, dass das Selbst einer Person mehrfach vorhanden sein müsste, zumindest aber mehr als eins, da Geist und Körper ja auch mehr als eins sind. So sagt Chandrakirti:

> Wenn Geist und Körper das Selbst wären,
> Dann müsste, da Geist und Körper mehr als eins sind,
> Das Selbst auch mehr als eins sein.

Oder, anders herum, da das Selbst nur in der Einzahl vorhanden, also „eins" ist, müssten der Geist und Körper widersinnigerweise auch „eins" sein.

Wenn wir annehmen, dass das „Ich" inhärent existent ist, gäbe es auch ein drittes Problem: Genauso wie Geist und Körper entstehen und zerfallen, müsste das „Ich" inhärent entstehen und inhärent zerfallen. Obwohl Buddhisten die Tatsache akzeptieren, dass das Selbst entsteht und wieder zerfällt, so nehmen sie dennoch an, dass dies *konventionell* geschieht und nicht inhärent und aus sich selbst heraus. Beim Fehlen inhärenter Existenz ist es möglich, dass eine Reihe von Augenblicken, und auch Leben, ein zeitliches Kontinuum bilden, in welchem spätere Augenblicke von früheren Augenblicken abhängen. Wenn das Selbst jedoch inhärent entstünde und inhärent zerfiele, dann wäre es unmöglich, dass die jetzigen Augenblicke Ihres Lebens von früheren Augenblicken abhingen, da jeder einzelne Augenblick in und aus sich selbst heraus entstünde und zerfiele, ohne von irgendetwas anderem abhängig zu sein. In diesem Fall wären frühere Leben unmöglich, da jedes Leben in und aus sich selbst heraus, inhärent und unabhängig bestünde.

Buddha hat von seinen Erinnerungen an frühere Leben gesprochen. Manche nehmen deswegen fälschlicherweise an, dass der

Buddha nach seiner Erleuchtung und das Individuum, das er in einem früheren Leben war, ein und dieselbe Person und damit unvergänglich sind. Als Buddha jedoch frühere Leben beschrieben hat, vermied er es sorgfältig, festzulegen, dass die Person seines jetzigen Lebens an einem bestimmten Ort und zu einer bestimmten Zeit die Person eines früheren Lebens zu einem bestimmten Ort und zu einer bestimmten Zeit gewesen ist. Er hat allgemein darüber gesprochen und lediglich gesagt: „In der Vergangenheit war ich diese und jene Person." Er hat nicht gesagt: „In der Vergangenheit war Buddha Shakyamuni diese und jene Person."

Auf diese Weise sind der Ausführende von Handlungen (Karma) in einem früheren Leben und der Ausführende, der die Resultate dieser Handlungen erfährt, in einem zeitlichen Kontinuum begriffen, das Buddhisten das „nicht inhärent existente Ich" (oder das „bloße Ich") nennen, das von einem Leben zum nächsten wandert. Wenn das „Ich" inhärent entstünde und inhärent zerfiele, dann wäre eine derartige Kontinuität unmöglich, da diese zwei Leben – nämlich die Person, die die Handlung ausführt und die Person, die deren Wirkung erlebt – in keiner Beziehung zueinander stünden. Dies würde zu der Absurdität führen, dass die angenehmen Wirkungen von heilsamen Handlungen und die schmerzhaften Wirkungen von unheilsamen Handlungen nicht in uns zur Reife kämen. Die Wirkungen all dieser Handlungen wären vergeudet. Und da es unbestreitbar ist, dass wir die Auswirkungen von Handlungen erfahren, würde das bedeuten, dass wir die Auswirkungen von Handlungen erfahren, die wir selber gar nicht ausgeführt haben, was auch widersinnig ist.

Meditative Kontemplation

Betrachten Sie die logischen Folgen, die es hätte, wenn das „Ich" in und aus sich selbst heraus bestünde (so wie es unserem Geist erscheint) und wenn es mit dem Geist und Körper eins wäre, also dasselbe wie unser Geist/Körper wäre:

1. Das „Ich" und der Geist/Körper müssten vollständig und in jeder Hinsicht „eins" sein.
2. In diesem Falle wäre es sinnlos, von einem „Ich" zu sprechen.
3. Es wäre unmöglich, von „meinem Körper", „meinem Kopf" oder „meinem Geist" zu sprechen.
4. Wenn Geist und Körper nicht mehr existierten, würde das Selbst auch nicht mehr existieren.
5. Da Geist und Körper mehr als eins sind, müssten die „Ichs" einer Person auch mehr als eins, bzw. vielfach sein.
6. Da unser „Ich" nur eines ist, müssten unser Geist und Körper auch eins sein.
7. Genauso wie Geist und Körper entstehen und zerfallen, müsste man behaupten, dass das „Ich" inhärent entsteht und inhärent zerfällt. In diesem Fall würden weder die angenehmen Auswirkungen von heilsamen Handlungen noch die schmerzhaften Auswirkungen von unheilsamen Handlungen in uns zur Reife gelangen, oder aber wir würden die Wirkungen von Handlungen erfahren, die wir selber gar nicht begangen haben.

Erinnern Sie sich, dass zwei Ereignisse, die inhärent existent sind, nicht im gleichen Kontinuum eingeschlossen sein können, sondern verschieden voneinander sein müssen und ohne Zusammenhang. Dies gut zu verstehen hängt davon ab, dass Sie ein genaues Gespür dafür entwickeln, wie das „Ich" und andere Phänomene Ihnen gewöhnlich so erscheinen, als ob sie aus sich selbst heraus konstituiert seien und wie Sie dann diese Erscheinung einfach akzeptieren und dann auf dieser Grundlage handeln. Das ist die übertriebene Existenzweise, die wir untersuchen.

VIERZEHNTES KAPITEL

Das Verschiedensein untersuchen

Das Spiegelbild eines Gesichtes wird in
Abhängigkeit von einem Spiegel wahrgenommen,
Existiert jedoch nicht wirklich als Gesicht.
Genauso existiert die begriffliche Auffassung eines „Ich"
In Abhängigkeit von Geist und Körper.
Doch wie das Spiegelbild eines Gesichtes
Existiert das „Ich" nicht wirklich aus sich selbst heraus.

Nagarjuna, *Kostbarer Kranz an Ratschlägen*

Jetzt untersuchen wir im vierten Schritt, ob das „Ich" und der Geist/Körper voneinander verschieden sein können. Betrachten wir die folgenden logischen Zusammenhänge: Geistige und physische Objekte werden auch „zusammengesetzte Phänomene" genannt, da sie von Augenblick zu Augenblick hervorgebracht werden, bestehen und schließlich wieder zerfallen. Diese Eigenschaften zeigen uns deutlich, dass geistige und physische Objekte aufgrund von bestimmten Ursachen und Wirkungen existieren und daher vergänglich sind.

Wenn das „Ich" von der ganzen Bandbreite der vergänglichen Phänomene inhärent verschieden wäre, dann besäße das „Ich" unlogischerweise nicht die Eigenschaften von vergänglichen Phänomenen, nämlich hervorgebracht zu werden, zu bestehen und dann wieder zu zerfallen, genau so wie ein Pferd, da es von einem Elefanten verschieden ist, nicht die Eigenschaften hat, die einen Elefanten charakterisieren. Chandrakirti sagt:

> Wenn angenommen wird, dass das Selbst von Geist und Körper verschieden ist, dann wäre das Selbst als etwas kon-

stituiert, das völlig andere Eigenschaften als Geist und Körper hat, genauso wie das Bewusstsein vom Körper verschieden ist.

Wenn das „Ich" vom Geist/Köper verschieden wäre, müsste das „Ich" somit entweder ein falsch wahrgenommenes Phänomen oder aber ein unvergängliches Phänomen sein. Das „Ich" könnte auch nicht mit den charakteristischen Eigenschaften von Körper oder Geist ausgestattet sein und müsste daher völlig getrennt von Körper und Geist betrachtet werden. Wenn wir danach suchten, was das „Ich" ist, dann müssten wir etwas finden, das völlig verschieden vom Geist und Körper ist. Doch das können wir nicht. Das „Ich" wird nur innerhalb des Geist-Körper-Gefüges wahrgenommen. So sagt Chandrakirti:

> Es gibt kein Selbst außer dem Geist-Körper-Gefüge, da es Außerhalb dieses Geist-Körper-Komplexes keine begriffliche Vorstellung vom Selbst gibt.

Meditative Kontemplation

Betrachten Sie die Folgen, die es hätte, wenn das „Ich" in und aus sich selbst heraus bestünde (so wie es unserem Geist erscheint) und wenn es vom Geist und Körper inhärent verschieden wäre:

1. Das „Ich" und der Geist/Körper müssten vollständig voneinander verschieden sein.
2. In diesem Fall müsste das „Ich" auffindbar sein, nachdem Geist und Körper beiseite geräumt wurden.
3. Das „Ich" würde nicht die Eigenschaften des Entstehens, des Bestehens und des Zerfalls aufweisen, was absurd wäre.
4. Das „Ich" würde nur reine Einbildung sein oder aber unvergänglich, was beides widersinnig ist.
5. Das „Ich" würde widersinnigerweise keinerlei geistige oder physische Eigenschaften aufweisen.

FÜNFZEHNTES KAPITEL

Zu einer Schlussfolgerung gelangen

Zunächst stellt sich die Unwissenheit etwas vor.
Die Wirklichkeit davon wird später ermittelt.

Nagarjuna, *Kostbarer Kranz an Ratschlägen*

In der Mitte des siebzehnten Jahrhunderts hat der Fünfte Dalai Lama betont, wie wichtig es ist, dass unsere logischen Untersuchungen nicht mechanisch werden, sondern lebendig bleiben. Wenn wir nach einem konkret existenten „Ich" suchen und es nicht finden können, weder als eins mit dem Körper und Geist, noch als inhärent davon verschieden, dann ist es sehr wichtig, dass unsere Suche umfassend und gründlich ist. Andernfalls werden wir nicht die Kraft und Wucht verspüren, die es hat, wenn wir ein solches „Ich" nicht finden können. Der Fünfte Dalai Lama schrieb:

> Es reicht nicht aus, dass die Art und Weise des Nicht-Findens (des Ich) lediglich eine leere Wiederholung der ärmlichen Phrase „nicht gefunden" ist. Wenn du zum Beispiel einen Ochsen verloren hast, dann akzeptierst du nicht einfach die bloße Aussage: „Der Ochse kann in diesem Gebiet nicht gefunden werden." Vielmehr suchst du das Hochland, den mittleren Bereich und die Ebene der entsprechenden Region gründlich ab, bevor du zu dem festen Entschluss kommst, dass der Ochse hier nicht gefunden werden kann. Mit der Unauffindbarkeit des „Ich" verhält es sich genau so: Indem du meditierst, bis du zu einer Schlussfolgerung gekommen bist, wirst du zu fester Überzeugung gelangen.

Wenn Sie auf diese Weise analysieren, dann werden Sie das starke Gefühl eines sich selbst konstituierenden und inhärent existenten Ich, das zuvor noch so eindeutig zu existieren schien, in Frage stellen. Langsam werden Sie anfangen zu denken: „Aha! Zuvor erschien dieses ‚Ich' als derart wirklich. Aber vielleicht ist das gar nicht der Fall." Indem Sie dann immer weiter untersuchen, werden Sie schließlich nicht nur oberflächlich, sondern aus der Tiefe Ihres Seins davon überzeugt werden, dass ein solches „Ich" überhaupt nicht existiert. Sie werden die bloßen Worthülsen hinter sich lassen und zu der festen Überzeugung gelangen, dass das „Ich", obwohl es so konkret erscheint, in Wirklichkeit nicht auf diese Art und Weise existiert. Die Entscheidung aus dem Innern Ihres Geistes heraus, dass diese Art von „Ich" wirklich nicht existiert, ist der bleibende Eindruck, den diese ausgedehnten logischen Untersuchungen hinterlassen werden.

Wenn ich vor einer großen Zuhörerschaft einen Vortrag halte, dann nehme ich öfters wahr, dass meinem Geist jeder einzelne Zuhörer in ihrem oder seinem Sitz aus eigener Kraft heraus zu existieren und nicht nur durch die Kraft der Gedanken und nur konventionell zu existieren scheint. Alle diese Zuhörer erscheinen in einem Zustand übertriebener Solidität und Festigkeit. Auf diese Weise scheinen diese Zuhörer zu existieren, und auf diese Weise erscheinen sie mir in meinem Geist. Wenn diese Zuhörer jedoch wirklich auf diese Weise existierten, dann müssten sie mittels der Untersuchungen, die ich bisher beschrieben habe, auffindbar sein. Doch das ist nicht möglich. Es gibt einen Widerspruch zwischen dem, wie diese Zuhörer erscheinen und dem, wie sie wirklich existieren. Daher rufe ich mir in solch einem Moment alles in Erinnerung, was ich über die Selbst-Losigkeit weiß und reflektiere beispielsweise über eine Aussage Nagarjunas in seiner *Grundlegenden Abhandlung über die Mitte, die „Weisheit" genannt wird*, in der er untersucht, ob der Buddha inhärent existiert oder nicht:

Der Buddha ist nicht sein Geist-Körper-Gefüge.
Er ist nicht verschieden von seinem Geist-Körper-Gefüge.

Das Geist-Körper-Gefüge ist nicht in ihm, er ist nicht im Geist-Körper-Gefüge.
Er besitzt das Geist-Körper-Gefüge nicht. Welchen Buddha gibt es da?

Nagarjuna führt den Buddha als ein Beispiel für die Selbst-Losigkeit (bzw. Ich-Losigkeit) an, als ein Beispiel für die Abwesenheit einer inhärent existierenden Person. Auf gleiche Weise sollten wir über unsere eigene Selbst-Losigkeit nachdenken. Wenn ich diese Reflektionen auf mich selbst anwende, dann denke ich:

Der Mönch Tenzin Gyatso ist nicht sein Geist-Körper-Gefüge.
Er ist nicht verschieden von seinem Geist-Körper-Gefüge.
Das Geist-Körper-Gefüge ist nicht in ihm, und er ist nicht im Geist-Körper-Gefüge.
Er besitzt das Geist-Körper-Gefüge nicht. Welchen Tenzin Gyatso gibt es da?

Der Mönch Tenzin Gyatso ist nicht irgendetwas innerhalb seines Geist-Körper-Gefüges, angefangen von der Spitze seines Kopfes bis hin zu den Sohlen seiner Füße. Wenn ich den Mönch Tenzin Gyatso suche, dann kann nichts als der Mönch Tenzin Gyatso ausfindig gemacht werden: nicht das Sehbewusstsein, nicht das Hörbewusstsein, nicht das Geschmacksbewusstsein, nicht das Körperbewusstsein, nicht das geistige Bewusstsein; nicht das Bewusstsein im Wachzustand, nicht das Traumbewusstsein, nicht das Bewusstsein während des Tiefschlafes, und am Ende seines Lebens noch nicht einmal das Bewusstsein des klaren Lichts des Todes. Ist irgendeines von allen diesen Tenzin Gyatso? Nichts von allen diesen kann als Tenzin Gyatso ausfindig gemacht werden.

Ebenso gibt es nichts außerhalb meines Geist-Körper-Gefüges, das Tenzin Gyatso wäre. Und Tenzin Gyatso hängt auch nicht von meinem Geist-Körper-Gefüge als ein völlig verschiedenes Wesen ab, wie beispielsweise ein Löwe in einem Waldhain. Genauso wenig hängt das Geist-Körper-Gefüge als ein völlig verschiedenes Wesen von Tenzin Gyatso ab, wie beispielsweise ein

Wald im Schnee. Diese beiden Möglichkeiten würden erfordern, dass Tenzin Gyatso und sein Geist-Körper-Gefüge verschiedene Gebilde sind, und das ist unmöglich. Ebenso wenig besitzt Tenzin Gyatso sein Geist-Körper-Gefüge, so wie eine Person beispielsweise eine Kuh besitzt, wofür zwei verschiedene Wesen notwendig wären, oder aber wie ein Baum sein Inneres besitzt, was das gleiche Gebilde wäre.

Welchen Tenzin Gyatso gibt es dann? Es steht mit Sicherheit fest, dass nichts als Tenzin Gyatso gefunden werden kann – nicht als Bestandteil des Geist-Körper-Gefüges, nicht als völlig verschiedenes Wesen vom Geist-Körper-Gefüge abhängig, nicht als etwas im Besitz vom Geist-Körper-Gefüge und noch nicht einmal als eine Kontinuität des Geist-Körper-Gefüges. Es ist völlig klar, dass das Selbst des Tenzin Gyatso lediglich in Abhängigkeit von seinem Geist-Körper-Gefüge gebildet ist.

Diese logische Untersuchung steht im Widerspruch zu dem, wie wir gewöhnlich denken. Wenn ich denke: „Ich bin ein Mönch", dann erscheint in meinem Geist ein Mönch, zu dem ein Körper und ein Geist gehören. Wir sind alle Menschen, so viel steht mit Sicherheit fest. Doch wenn wir uns selber als eine Person identifizieren und jemand anderen als eine andere Peson, dann erscheinen diese beiden äußerst konkret und gegenständlich. Wenn wir jedoch logisch nachforschen, um herauszufinden, was genau die eigentliche Person in Wirklichkeit ist, wenn wir untersuchen, ob diese Person eine bestimmte Art von Geist/Körper ist, dann können wir nichts finden, das diese Person wäre. Ebenso ist es nicht möglich, dass irgendetwas, das völlig verschieden von Geist und Körper ist, diese Person ist. Da dies der Fall ist, lehrt uns die tiefgründige buddhistische Lehrmeinung, dass eine Person lediglich in Abhängigkeit von Geist und Körper konstituiert ist.

Wenn ich logisch nachforsche, dann verstehe ich, dass das, was ursprünglich so greifbar und offensichtlich erschien, überhaupt nicht auf diese Art und Weise existiert. Die Person, die zunächst so deutlich und konkret zu existieren schien, kann schlicht und einfach nicht gefunden werden. Das, was in und aus sich selbst heraus zu existieren schien, wird als von Gedanken abhängig erkannt.

Wenn ich so reflektiere und dann auf meine Zuhörerschaft blicke, sehe ich, dass alle diese Tausende von Menschen auf eine Art und Weise „Ich", „Ich", „Ich", „Ich" denken, die irrtümlich ist und diese Menschen in allerlei Schwierigkeiten verwickelt. Diese Menschen so zu betrachten, hilft mir – und wird auch Ihnen helfen – Liebe und Mitgefühl zu entwickeln für die Lebewesen, die in irrtümlichen Auffassungen gefangen sind. Auf diese Weise beginne ich oft meine Vorträge.

Indem Sie nach und nach über diese vier Schritte meditieren und sie zur Entfaltung bringen, werden Sie die Fähigkeit entwickeln, alles und jedes auf diese Weise zu untersuchen und den Widerspruch zwischen Erscheinung und Wirklichkeit zu entdecken, um dann aus der Tiefe Ihres Seins zu dem Entschluss zu gelangen, dass alle Personen und Dinge nicht auf die Weise existieren, wie sie zunächst erscheinen. Mithilfe dieses vollständig entschlossenen Geistes kann die Abwesenheit des inhärent existenten „Ich" verstanden werden, auch wenn Sie zuvor noch so sehr an dieses inhärent existente „Ich" geglaubt haben. Sie verstehen dann die Verneinung von inhärenter Existenz vollkommen, und Ihr Geist kann sich in diese Leerheit hinein vertiefen und darin aufgehen.

Meditative Kontemplation

Führen Sie wiederholt die vier Schritte zur Erkenntnis durch:

1. Kreisen Sie das Ziel Ihrer Untersuchung ein: Die Erscheinung des „Ich" als ob es in und aus sich selbst heraus begründet wäre.
2. Legen Sie fest, dass das „Ich", wenn es so existierte, wie es erscheint, entweder eins mit dem Geist und Körper oder aber davon verschieden sein müsste.
3. Betrachten Sie eingehend die Probleme, die auftauchen würden, wenn das „Ich" und das Geist-Körper-Gefüge ein und dasselbe wären:

- Das „Ich" und der Geist/Körper müssten vollständig und in jeder Hinsicht eins sein.
- In diesem Falle wäre es sinnlos, von einem „Ich" zu sprechen.
- Es wäre unmöglich, von „meinem Körper" oder „meinem Kopf" oder „meinem Geist" zu sprechen.
- Wenn Geist und Körper nicht mehr existieren, würde das Selbst auch nicht mehr existieren.
- Da Geist und Körper mehr als eins sind, müssten die „Ichs" einer Person auch mehrfach vorhanden sein.
- Da unser „Ich" nur eines ist, müssten unser Geist und Körper auch nur eines sein.
- Genauso wie der Geist und der Körper entstehen und wieder vergehen, würde das „Ich" inhärent entstehen und inhärent vergehen. In diesem Fall würden weder die angenehmen Auswirkungen von heilsamen Handlungen noch die schmerzhaften Auswirkungen von unheilsamen Handlungen in uns zur Reife gelangen, oder aber wir würden die Wirkungen von Handlungen erfahren, die wir selber gar nicht begangen haben.

4. Betrachten Sie eingehend die Probleme, die auftauchen würden, wenn das „Ich" und das Geist-Körper-Gefüge inhärent voneinander verschieden wären:
- Das „Ich" und der Geist/Körper müssten vollständig voneinander verschieden sein.
- In diesem Fall müsste das „Ich" auffindbar sein, nachdem Geist und Körper beiseite geräumt wurden.
- Das „Ich" würde nicht die Eigenschaften des Entstehens, des Bestehens und des Vergehens aufweisen, was absurd wäre.
- Das „Ich" würde nur eine reine Einbildung sein oder aber unvergänglich, was beides widersinnig ist.
- Das „Ich" würde widersinnigerweise keinerlei geistige oder physische Eigenschaften aufweisen.

SECHZEHNTES KAPITEL

Unsere Erkenntnis überprüfen

So wie man durch falsches Essen
Zu Schaden kommt, man aber
Durch richtiges Essen ein langes Leben,
Freiheit von Krankheiten, Stärke und Freuden erlangt,
Genauso kommt man durch ein falsches Verständnis
Zu Schaden, erlangt aber
Durch ein richtiges Verständnis
Glück und die höchste Erleuchtung.

Nagarjuna, *Kostbarer Kranz an Ratschlägen*

Nachdem Sie nach einem in Ihnen selbst inhärent existenten „Ich" gesucht haben, machen Sie schließlich die Erfahrung der Nichtauffindbarkeit dieses „Ich". Handelt es sich hierbei bereits um die Leerheit von inhärenter Existenz oder um etwas Gröberes? Es gibt zwei Ebenen dieser Erfahrung der Leerheit von inhärenter Existenz des „Ich". Die gröbere Ebene nennen wir „eine Person ist nicht substanziell existent in dem Sinne, dass sie selbstständig und unabhängig ist", und die subtilere Ebene nennen wir „eine Person ist nicht inhärent existent". Es ist möglich, dass Sie fälschlicherweise denken, dass Sie die subtilere Leerheit verstanden haben, obwohl Sie in Wirklichkeit nur die gröbere Leerheit verstanden haben.

Beide Arten der Erkenntnis der Leerheit sind von Nutzen, und ein Verständnis der gröberen Ebene wird sicherlich helfen, die subtilere Ebene zu verstehen. Doch ist es wichtig, diese beiden nicht zu verwechseln. Damit Sie den Unterschied erkennen können, folgen Sie zuerst den logischen Gedankengängen, die im fünfzehnten

Kapitel zusammengefasst wurden. Wenn Ihr anfängliches Gefühl, dass das „Ich" aus sich selbst errichtet ist, auseinanderfällt und sich in Ihrer geistigen Wahrnehmung wie in einem Vakuum auflöst, dann wechseln Sie das Thema Ihrer Untersuchungen vom „Ich" zu Ihrem Körper, oder zu einem Teil Ihres Körpers, wie zum Beispiel Ihrem Arm.

Wenn Ihr Gefühl, dass Ihr Körper oder Arm in und aus sich selbst heraus besteht, sich sofort auflöst, und die Abwesenheit eines solchen Status Ihrem Geist erscheint, dann ist das ein Zeichen dafür, dass Ihr Verständnis der Leerheit des „Ich" auf der subtileren Ebene anzusiedeln ist. Wenn Sie jedoch die Kraft der vorangegangenen logischen Gedankengänge nicht sofort auf Ihren Körper oder Ihren Arm anwenden können, dann ist das ein Hinweis darauf, dass Ihr Verständnis der Leerheit des „Ich" noch nicht so tief ist und daher auf der gröberen Ebene anzusiedeln ist.

Falls bei diesem anderen betrachteten Phänomen (wie beispielsweise Ihrem Arm) ein Gefühl der konkreten Existenz zurückbleibt, dann waren Ihre vorangegangenen Untersuchungen in Bezug auf das „Ich" nicht so tief greifend wie es vielleicht den Anschein hatte. Daher sagt Nagarjuna:

> Solange Geist und Körper falsch verstanden werden,
> Solange wird das falsche Verständnis des „Ich" existieren.

WIE WIR DEN UNTERSCHIED ZWISCHEN GROBEM UND SUBTILEM FALSCHEN VERSTÄNDNIS ERKENNEN KÖNNEN

Eine mögliche Ursache dafür, die Erkenntnis der Leerheit des „Ich" nicht auf andere Phänomene übertragen zu können, könnte darin liegen, dass Ihre anfängliche Identifikation mit einem „Ich", das unabhängig und aus sich selbst heraus besteht, im Kontext einer *eklatanten Übertreibung* von Ihnen selbst stattgefunden hat. Und darauf haben Sie dann mit Begierde, Hass oder einer starken Abwehrreaktion oder dergleichen reagiert. Eine solche grobe Identifikation könnte es so erscheinen lassen, als ob unter *gewöhnlichen*

Umständen Ihr Gefühl von „Ich" nicht mit der Erscheinung eines unabhängigen und aus sich selbst bestehenden „Ich" vermischt ist. Aber tatsächlich ist es das, wenn auch auf einer subtileren Ebene. Das ist der Grund, warum die ursprüngliche Erkenntnis, obwohl auch hilfreich, keine so große Kraft hat.

Auf diesen Punkt möchte ich etwas näher eingehen, haben Sie daher bitte ein wenig Geduld mit mir. Zuerst müssen wir uns über folgende spannende Frage Gedanken machen: Wenn eine Person weder Körper noch Geist ist, und auch nicht eine Kombination dieser beiden, und auch nicht völlig verschieden davon, was sehen wir dann, wenn wir das „Ich" betrachten? Die buddhistischen Schriften sagen uns, dass das, was wir wahrnehmen, ein „Ich" (oder eine Person) ist, das (oder die) in Abhängigkeit von anderen Bedingungen entstanden ist. Wir richten unsere Aufmerksamkeit nur auf das „Ich", obwohl wir es nicht richtig verstehen, welches die Buddhisten das „bloße Ich" nennen. Da diese Fehlkonstruktion von Geist und Körper als inhärent existent so schnell unserem falschen Verständnis des „Ich" vorausgeht, kann es so erscheinen, als ob das, dem wir unsere Aufmerksamkeit schenken, wenn wir das „Ich" betrachten, Geist und Körper sei, in Wirklichkeit es aber das „Ich" selbst ist.

Dennoch ist es eine Tatsache, dass alles, was unserem Geist (ob unserem geistigen Bewusstsein oder unseren Sinneswahrnehmungen) erscheint, mit einer Übersteigerung von dessen Beschaffenheit vermischt ist. Alle äußeren und inneren Objekte, die unserem Geist erscheinen (einschließlich des „Ich"), sind vermengt mit einem Gefühl, dass das wahrgenommene Objekt aus sich selbst heraus besteht. Daher sind alle unsere Bewusstseinsarten in Bezug auf das, was ihnen erscheint und von ihnen wahrgenommen wird, fehlerhaft, selbst wenn ein bestimmtes Bewusstsein in Bezug auf eine bestimmte Wahrnehmung richtig ist: Wenn zum Beispiel ein blaues Objekt als blau wahrgenommen wird, oder wenn wir eine Tür als eine Tür erkennen. Ein solches Bewusstsein ist richtig in Bezug auf das allgemeine Objekt. Es ist jedoch falsch in Bezug darauf, dass wir das Objekt aufgrund unserer eigenen Neigungen und Veranlagungen so wahrnehmen, dass wir es mit einer Schicht von inhärenter Existenz überlagern.

Wenn Sie daher in der Meditation die Erscheinung von Ihnen selbst, wie sie ist, akzeptieren und Sie dann damit fortfahren, ein hinzugefügtes Gefühl von inhärenter Existenz zu widerlegen, dann haben Sie bereits ein Paradebeispiel für inhärente Existenz übersehen, die Sie ja gerade widerlegen wollen. Ja, Sie existieren, daran besteht kein Zweifel. Aber dieses Ihr „Ich" existiert nicht auf die Art und Weise, wie es Ihrem Geist erscheint. Das ist der Grund, warum im siebzehnten Jahrhundert der Erste Panchen Lama betonte, dass inhärente Existenz in Bezug auf das allererste „Ich", das uns üblicherweise erscheint, widerlegt werden muss.

Dieses „Ich" existiert nicht. Wenn wir dies erkannt haben, dann setzen wir in unserer Arbeit an der grundlegenden irrtümlichen Annahme an und wirken ihr entgegen. Wenn wir aber dieses „Ich" so belassen, als ob es existierte, und dann mit unseren Untersuchungen fortfahren, werden wir nicht an die Wurzel des Problems herankommen. Denn das „bloße Ich" (das nichtinhärent existente „Ich") und das inhärent existente „Ich" sind momentan noch miteinander vermischt. Daher müssen Sie bedenken, dass das „Ich", dem Sie Ihre Aufmerksamkeit schenken, nicht so existiert, wie es erscheint. Wenn Sie aber dieses „Ich" als wirklich akzeptieren und dann lediglich zu beweisen suchen, dass dieses „Ich" *letzten Endes* nicht existiert, werden Sie die Beschaffenheit seiner Leerheit, wie im siebenten Kapitel beschrieben, falsch verstehen.

WIR BRAUCHEN BEHARRLICHKEIT

Es geht also darum, sich zu dieser tieferen Ebene durchzuarbeiten. Sie müssen lernen, ein immer subtileres Empfinden davon, wie dieses „Ich" erscheint, zu entwickeln und dann logisches Denken heranziehen, um zu erkennen, ob das, was erscheint, dem Licht logischer Untersuchungen standhalten kann. Zwischen diesen beiden (dem immer feineren Wahrnehmen des „Ich" und den logischen Untersuchungen) müssen Sie dann hin- und herwechseln. Mithilfe dieses Prozesses werden Sie nach und nach Ihr Verständnis davon vertiefen, was ein übertriebenes Gefühl des „Selbst" ist, wie auch von der Instabilität seines Fundamentes.

So wie es in den buddhistischen Schriften beschrieben wird, werden Sie beginnen, anhand eigener Erfahrung einen Unterschied zwischen Existenz und inhärenter Existenz zu machen. Diese großartigen Texte fordern uns dazu heraus, sowohl das eine Extrem zu vermeiden, nämlich die Beschaffenheit von Personen und Dingen zu übertreiben, als auch das andere Extrem, nämlich anzunehmen, dass Personen und Dinge überhaupt nicht existieren. Personen und Dinge existieren, daran besteht kein Zweifel. Die Frage ist, *wie* sie existieren.

Wenn Sie zu dem Verständnis fortgeschritten sind, dass Personen und Dinge im Licht genauer Untersuchungen nicht gefunden werden können, und Sie sich bewusst sind, dass Personen und Dinge in der Tat aber existieren, dann beginnen Sie möglicherweise die Wucht der Aussage zu spüren, dass Personen und Dinge durch die Kraft der Gedanken existieren. Das wiederum wird Sie dazu anspornen, noch weiterzugehen und darüber nachzudenken, *wie* Menschen und Objekte Ihrem Geist erscheinen. Ihr Vertrauen in die Gutheit und Schlechtigkeit dieser Erscheinungen, die Sie zuvor noch automatisch akzeptiert und als den Menschen und Dingen wirklich innewohnend zugeschrieben haben, wird untergraben werden. Sie werden anfangen wahrzunehmen, wie Sie den Erscheinungen von Menschen und Dingen Ihre Zustimmung geben und wie Sie normalerweise daran festhalten.

So ist Meditation eine lange Reise und nicht eine einzelne Einsicht oder mehrere Einsichten. Mit dem Vorbeifließen der Tage, Wochen, Monate und Jahre wird Ihre Meditation immer tiefgründiger werden. Fahren Sie damit fort zu lesen, nachzudenken ... und zu meditieren.

Meditative Kontemplation

1. Gehen Sie nochmals die vier Schritte der logischen Untersuchung durch, wie sie im fünfzehnten Kapitel beschrieben sind.
2. Wenn das Gefühl, dass das „Ich" aus sich selbst heraus besteht, auseinander fällt und sich ins Leere auflöst, dann wechseln Sie

in Ihrer Betrachtung zu einem Körperteil, wie zum Beispiel Ihrem Arm.
3. Beobachten Sie, ob sich Ihr Gefühl, dass Ihr Arm inhärent existiert, aufgrund Ihrer vorangegangenen Untersuchung sofort auflöst oder nicht.
4. Wenn Sie die vorangegangene Untersuchung nicht sofort auf Ihren Arm anwenden können, dann ist Ihr Verständnis noch immer auf der gröberen Ebene.

LASSEN SIE IN IHREN ANSTRENGUNGEN NICHT NACH

Wenn Sie Ihren Körper und Geist betrachten und deren Erscheinung nicht länger für wahr halten, dann ist das ein Hinweis darauf, dass die Abwesenheit der konkreten und soliden Existenz des „Ich" einen Eindruck in Ihnen hinterlassen hat. Die Freiheit von inhärenter Existenz, die Sie in Ihren meditativen Untersuchungen entdeckt haben, hat dann einen tiefen Eindruck in Ihnen hinterlassen, und Sie investieren nicht mehr so viel Zuversicht und Vertrauen in die übertriebene Erscheinungsweise Ihres Körpers und Geistes. Dieser Schwund an Vertrauen in die Wirklichkeit der Erscheinungen ist ein Zeichen für Erfolg und kann durch stetige Meditation immer mehr verstärkt werden. Das ist der Prozess, wie Sie der Selbsterkenntnis immer näher kommen und sich so sehen können, wie Sie wirklich sind.

Erkenntnis der Leerheit ist nicht einfach, doch wenn Sie weiter daran arbeiten und damit fortfahren zu untersuchen und zu analysieren, wird sich diese Erkenntnis mit Sicherheit entwickeln. Sie werden dahin kommen zu verstehen, was es bedeutet, nach inhärenter Existenz zu suchen, sie aber nicht zu finden, und was es bedeutet, nach etwas, das man sich gewöhnlich so lebendig und stark vorstellt, zu suchen und es nicht finden zu können. Diese Nichtauffindbarkeit erscheint dem Geist als Leerheit, erst ganz schwach, und dann mit immer größerer Klarheit. Obwohl anfängliche Einsichten noch nicht die tiefgründigsten sind, werden diese Einsichten tiefer und tiefer werden, wenn Sie diesen Prozess weiterführen.

Durch ein anfängliches Gefühl für die Leerheit werden Sie ein deutlicheres Gespür dafür bekommen, was Unwissenheit ist, das wiederum wird zu einer besseren und deutlicheren Erfahrung der Leerheit führen. Dies wird wiederum Ihr Erkennen der Unwissenheit und dessen, was verneint wird, verbessern. Dieses Identifizieren wird die Wucht der logischen Beweisführungen, die Sie immer wieder anwenden, vertiefen, zu mehr und mehr Verständnis führen und Ihrem Glauben in das, was übertrieben ist, den Boden entziehen. So können Sie Schwierigkeiten und Probleme auflösen.

SIEBZEHNTES KAPITEL

Diese Einsicht ausweiten auf das, was wir besitzen

Wende die Art und Weise, wie du die falsche Wahrnehmung
Von Dir selbst erkannt hast,
Geistig auf alle Phänomene an.

Buddha

Lassen Sie uns kurz wiederholen: Wenn es ein konkretes und inhärent existentes „Ich" gäbe, dann müsste dieses „Ich" entweder eins mit dem Geist/Körper sein oder aber davon verschieden. Da beide dieser Möglichkeiten zu logischen Trugschlüssen führen, müssen wir daraus den Schluss ziehen, dass ein solches konkretes „Ich" in Wirklichkeit gar nicht existiert.

Wenn wir einmal verstanden haben, dass es kein inhärent existentes „Ich" gibt, dann ist es ziemlich einfach zu erkennen, dass ein Gefühl von inhärent existentem Eigentum ebenso irrtümlich ist. Geist und Körper sind Objekte, die vom „Ich" benutzt werden. Das „Ich" ist wie eine Eigentümerin, der Körper und Geist gehören. So sagen wir manchmal: „Mein Körper ist heute ein bisschen angeschlagen." Oder: „Heute ist mein Körper in guter Verfassung." Solche Aussagen sind berechtigt und gültig. Selbst wenn Sie nicht denken: „Das bin ich", wenn Sie Ihren schmerzenden Arm betrachten, so denken Sie ganz bestimmt: „Ich habe Schmerzen, und mir geht es nicht gut.", wenn Ihr Arm schmerzt. Dennoch ist es klar, dass das „Ich" und der Körper voneinander verschieden sind. Der Körper gehört dem „Ich".

Auf vergleichbare Weise sprechen wir von „meinem Geist", und wir könnten beispielsweise sagen: „Mein Gedächtnis ist so vergesslich geworden. Irgendetwas stimmt nicht mit mir." Wir sind die Trainer unseres Geistes und versuchen, ihn wie einen widerspenstigen Studenten dazu zu bringen, zu tun, was wir möchten.

So gehören Körper und Geist dem „Ich", und das „Ich" ist ihr Besitzer. Obwohl es unbestreitbar ist, dass Körper, Geist und „Ich" ihre jeweiligen Funktionen erfüllen, gibt es dennoch kein unabhängiges „Ich", das von Körper und Geist verschieden ist und diese besitzt. Ihre Augen, Ohren und so weiter sind in der Tat Dinge, die Sie korrekterweise als „meins" betrachten. Doch sie existieren nicht auf die Art und Weise, in der sie so deutlich und kraftvoll Ihrem Geist erscheinen, als ob ein inhärent existentes „Ich" sie besäße. So sagt Nagarjuna in seinem *Kostbaren Kranz an Ratschlägen*:

> Der Buddha, der einzig und allein zum Wohle der Wesen lehrt,
> Sagte, dass alle Lebewesen
> Aus dem falschen Verständnis von „Ich" entstanden sind
> Und von der begrifflichen Vorstellung von „meinem" eingehüllt werden.

Wenn Sie erkannt haben, dass das Selbst nicht inhärent existiert, dann kann „meins" ebenso wenig inhärent existieren.

Meditative Kontemplation

Betrachten Sie:

1. Innere Phänomene wie Ihr Geist oder Ihr Körper gehören Ihnen und sind daher „Ihres".
2. Äußere Phänomene wie Ihre Kleidung oder Ihr Auto sind ebenfalls „Ihres".
3. Wenn Ihr „Ich" nicht inhärent existiert, dann kann das, was „Ihres" ist, ebenso wenig inhärent existieren.

ACHTZEHNTES KAPITEL

Ruhiges Verweilen und besondere Einsicht in Balance bringen

Die Entwicklung von meditativer Stabilität alleine
Wird die Wahrnehmung von inhärenter Existenz nicht zerstören.
Die leidbringenden Emotionen können zurückkommen
Und alle möglichen Störungen bringen.

Buddha

Die Meditation des ruhigen Verweilens kann die leidbringenden Emotionen zwar unterdrücken, sie aber nicht vollständig beseitigen. Wir brauchen Selbsterkenntnis und Weisheit, damit wir die leidbringenden Emotionen und die sich daraus entwickelnden Schwierigkeiten und Verstrickungen vollständig auflösen können. Stabilisierende Meditation und analytische Meditation müssen jetzt Hand in Hand arbeiten. Wenn die stabilisierende und analytische Meditation so zusammenarbeiten, dann können sie die problematischen Gefühle entwurzeln und jegliche Begrenzungen für unsere Intelligenz entfernen. Auf diese Weise können Sie Ihr letztendliches Ziel, anderen Lebewesen zu helfen, wirkungsvoller erreichen.

Die große Klarheit und Stabilität, die in der Meditation des ruhigen Verweilens erlangt wird, ebnet den Weg dafür, dass unsere Untersuchungen in der Meditation der besonderen Einsicht besonders kraftvolle Einblicke in die Leerheit von inhärenter Existenz ermöglichen. Wenn Sie die Leerheit der Phänomene, die zu destruktiven Emotionen führen – von Ihnen selbst, von anderen Lebewesen und allen Dingen – direkt erkennen, dann können Schwierigkeiten und Probleme direkt an ihrer Wurzel überwunden werden.

Um die Meditation des ruhigen Verweilens mit der Meditation der besonderen Einsicht zusammenführen zu können, müssen Sie zwischen der einsgerichteten Meditation und der analytischen Meditation hin- und herwechseln und sie miteinander in Einklang bringen. Zu viel Analyse wird der Aufgeregtheit Vorschub leisten und lässt den Geist leicht instabil werden. Und zu viel Stabilität wird dazu führen, dass Sie keinen Ansporn mehr verspüren, die analytische Meditation durchzuführen. Daher sagt der tibetische Heilige und Gelehrte Tsongkhapa:

> Wenn du lediglich analytische Meditation ausführst, dann wird das ruhige Verweilen, das du zuvor entwickelt hast, schlechter werden. Nachdem du einmal das Pferd des ruhigen Verweilens bestiegen hast, solltest du in der analytischen Meditation verweilen und diese in regelmäßigen Abständen mit der stabilisierenden Meditation abwechseln.

DIE EINHEIT VON RUHIGEM VERWEILEN UND BESONDERER EINSICHT

Bisher haben Sie ruhiges Verweilen mithilfe der stabilisierenden Meditation erreicht. Und bisher waren ruhiges Verweilen und die Analyse der besonderen Einsicht wie die zwei Schalen einer Waage: wenn die eine Schale sich hob, senkte sich die andere. Nun aber wechseln Sie geschickt zwischen der stabilisierenden Meditation und der analytischen hin und her, so dass die Kraft der Analyse noch größere geistige und körperliche Geschmeidigkeit hervorbringt, als das bisher der Fall gewesen ist, wenn Sie ruhiges Verweilen mithilfe der stabilisierenden Meditation erreicht haben. Wenn ruhiges Verweilen und besondere Einsicht auf diese Weise gleichzeitig mit gleicher Kraft zusammenarbeiten, wird das die „Einheit von ruhigem Verweilen und besonderer Einsicht" genannt. Ein anderer Name hierfür ist „Weisheit, die aus der Meditation entsteht", im Unterschied zu der Weisheit, die aus dem Hören, Lesen, Studieren und Nachdenken hervorgeht.

Wenn Sie früher über die Leerheit gelesen und über sie nachgedacht haben, war Ihr Bewusstsein auf die Leerheit als etwas intellektuell zu Untersuchendes gerichtet. Daher waren Ihr Geist und die Leerheit voneinander getrennt und verschieden. Jetzt aber machen Sie die Erfahrung durchdringender Leerheit, ohne dass Subjekt und Objekt dabei voneinander getrennt wären. Sie erreichen einen Zustand, in dem Einsicht und Leerheit wie Wasser sind, das in Wasser gegossen wird.

Das noch verbleibende subtile Gefühl von Subjekt und Objekt löst sich langsam auf, und dabei vermischen sich Subjekt und Objekt vollständig in vollkommener Nicht-Konzeptualität, wie Buddha sagt: „Wenn das Feuer des unverstellten Erkennens der Wirklichkeit, so wie sie ist, aus der fehlerfreien Analyse entsteht, wird das Brennholz des begrifflichen Denkens aufgebraucht, so wie das Feuer von zwei Holzzweigen, die man aneinander reibt."

Meditative Kontemplation

Für Anfänger ist es hilfreich, diesen spirituellen Entwicklungsplan zu kennen, da er einen starken Einfluss auf Ihren Fortschritt auf dem Weg ausüben wird. Vorläufig können Sie ein wenig stabilisierende Meditation mit ein wenig analytischer Meditation abwechseln, damit Sie diesen Vorgang sozusagen „schmecken" und Sie ebenso Ihre momentane Meditation stärken können.

1. Richten Sie zuerst Ihren Geist auf ein einzelnes Objekt, wie zum Beispiel ein Bildnis von Buddha oder auf Ihren Atem.
2. Wenden Sie die analytische Meditation an, wie sie in den vier Schritten der Meditation über die Natur des „Ich" beschrieben wurde. Betrachten Sie die logischen Widersprüche, die auftreten würden, wenn Sie behaupteten, dass Ihr Selbst und Ihr Geist/Körper entweder dasselbe oder aber voneinander verschieden wären:

DIE BEHAUPTUNG DES EINSSEINS UNTERSUCHEN
- Das „Ich" und der Geist/Körper müssten vollständig und in jeder Hinsicht ein und dasselbe sein.
- In diesem Falle wäre es sinnlos, von einem „Ich" zu sprechen.
- Es wäre unmöglich, von „meinem Körper" oder „meinem Kopf" oder „meinem Geist" zu sprechen.
- Wenn Geist und Körper nicht mehr existieren, würde das Selbst auch nicht mehr existieren.
- Da Geist und Körper mehr als eins sind, müssten die „Ichs" einer Person auch mehrfach vorhanden sein.
- Da unser „Ich" nur eines ist, müssten unser Geist und Körper auch nur eines sein.
- Genauso wie der Geist und der Körper entstehen und wieder vergehen, würde das „Ich" inhärent entstehen und inhärent vergehen. In diesem Fall würden weder die angenehmen Auswirkungen von heilsamen Handlungen noch die schmerzhaften Auswirkungen von unheilsamen Handlungen in uns zur Reife gelangen, oder aber wir würden die Wirkungen von Handlungen erfahren, die wir selber gar nicht begangen haben.

DIE BEHAUPTUNG DES VERSCHIEDENSEINS UNTERSUCHEN
- Das „Ich" und der Geist/Körper müssten vollständig voneinander verschieden sein.
- In diesem Fall müsste das „Ich" auffindbar sein, nachdem Geist und Körper beiseite geräumt wurden.
- Das „Ich" würde nicht die Eigenschaften des Entstehens, des Bestehens und des Zerfalls aufweisen, was absurd wäre.
- Das „Ich" müsste unsinnigerweise nur reine Einbildung sein oder aber unvergänglich.
- Das „Ich" würde widersinnigerweise keinerlei geistigen oder physischen Eigenschaften aufweisen.

3. Wenn Sie so ein wenig Erkenntnis gewonnen haben, dann verweilen Sie mit dieser Erkenntnis in der stabilisierenden Meditation und nehmen Sie ihre Auswirkung wahr.

4. Wenn dieses Gefühl ein wenig schwächer wird, dann kehren Sie zu der analytischen Meditation zurück, bis sich das Gefühl wiedereinstellt, und entwickeln Sie tiefere Erkenntnis.

Das Hin- und Herwechseln zwischen der einsgerichteten Meditation auf ein bestimmtes Thema und der analytischen Meditation darüber wird tiefer gehende Erfahrungen fördern.

FÜNFTER TEIL.

WIE MENSCHEN UND DINGE IN WIRKLICHKEIT EXISTIEREN

NEUNZEHNTES KAPITEL

Sich selbst wie eine Täuschung wahrnehmen

> Wie die Täuschungen eines Zauberers, wie Träume und
> Wie der Mond, der auf dem Wasser widergespiegelt wird,
> Sind alle Lebewesen und ihre Umgebungen
> Leer von inhärenter Existenz.
> Obwohl nicht wirklich existent, so erscheinen alle diese
> Wie Blasen, die im Wasser aufsteigen.
>
> Gung Tang

Als ein Ergebnis Ihrer Untersuchungen über die Natur des „Ich" und anderer Phänomene werden Sie erkennen, dass alle Phänomene zwar so erscheinen, als ob sie inhärent existierten, sie in Wirklichkeit aber leer von inhärenter Existenz sind, genauso wie die magischen Täuschungen, die uns ein Zauberer vorführt, in Wirklichkeit nicht auf die Weise existieren, wie sie uns erscheinen. Nagarjuna sagt in seinem *Kostbaren Kranz an Ratschlägen:*

> Eine Form, aus der Ferne gesehen,
> Wird von denjenigen, die nahe dran sind, klar und deutlich gesehen.
> Wenn eine Luftspiegelung wirklich Wasser wäre,
> Warum wird dann von denen, die nahe dran sind, kein Wasser gesehen?
>
> Die Art und Weise, wie diese Welt von denjenigen aus der Ferne,
> Als wirklich gesehen wird,
> Wird von denen, die nahe dran sind, nicht so gesehen,

Für die sie wie eine Luftspiegelung ohne wirkliche Substanz ist.

Ein Gesicht in einem Spiegel erscheint so, als ob es ein Gesicht wäre, doch dieses Abbild im Spiegel ist kein Gesicht. Von allen möglichen Standpunkten aus betrachtet ist dieses Abbild im Spiegel leer davon, ein Gesicht zu sein. Ebenso kann ein Zauberer Täuschungen hervorzaubern, die wie etwas Bestimmtes erscheinen, beispielsweise wie ein Mensch, der in einem Holzkasten von Schwertern aufgespießt wird, die aber in keiner Weise so erschaffen sind, wie sie uns erscheinen. Auf ähnliche Weise erscheinen Phänomene, wie zum Beispiel die Körper anderer Menschen, so, als ob sie aus eigener Kraft heraus erschaffen seien, in Wirklichkeit sind sie aber leer davon und waren schon immer leer davon, auf solche Weise zu bestehen.

Es ist allerdings nicht so, dass Phänomene Illusionen *sind*; vielmehr sind Phänomene *wie* Illusionen. Auch wenn das Spiegelbild Ihres Gesichtes nicht wirklich Ihr Gesicht ist, so ist dieses Spiegelbild nicht völlig nicht existent. Anhand der Widerspiegelung Ihres Gesichtes im Spiegel können Sie verstehen, wie Ihr Gesicht in Wirklichkeit aussieht. Auf vergleichbare Weise sind Personen und Objekte nicht völlig nicht existent, auch wenn sie leer davon sind, auf die Art und Weise zu existieren, wie sie erscheinen, nämlich als aus sich selbst heraus entstanden. So können Personen handeln und Objekte erfahren werden. „Wie eine Täuschung zu sein" ist daher nicht dasselbe wie „scheinbar zu existieren, in Wirklichkeit aber nicht zu existieren", wie zum Beispiel die Hörner eines Hasen, die überhaupt nicht existieren.

Meditative Kontemplation

1. Erinnern Sie sich an eine Situation, in der Sie das Abbild eines Menschen in einem Spiegel für den tatsächlichen Menschen hielten.
2. Das Spiegelbild dieses Menschen erschien als tatsächliche Person, war es in Wirklichkeit aber nicht.

3. Auf gleiche Weise erscheinen alle Personen und Dinge so, als ob sie aus sich selbst heraus existierten, ohne von Ursachen und Bedingungen, von ihren Einzelbestandteilen und von Gedanken abzuhängen, was aber nicht der Fall ist.
4. Auf diese Weise sind Personen und Dinge *wie* Täuschungen.

DEN WIDERSPRUCH ZWISCHEN ERSCHEINUNG UND WIRKLICHKEIT ERKENNEN

Ich führe die Beispiele der Täuschung, des Spiegelbildes und der Luftspiegelung an, um eine grobe Vorstellung von dem Widerspruch zu vermitteln zwischen dem, wie etwas erscheint und wie es in Wirklichkeit existiert. Wenn Sie erkannt haben, dass ein Abbild eines Gesichtes im Spiegel nicht wirklich ein Gesicht ist, heißt das noch nicht, dass Sie die Leerheit inhärenter Existenz des Spiegelbildes erkannt haben. Denn in dem Wissen, dass ein Spiegelbild eines Gesichtes im Spiegel nicht wirklich ein Gesicht ist, nehmen Sie immer noch fälschlicherweise an, dass das Spiegelbild inhärent existent ist. Wenn das Wissen, dass das Spiegelbild eines Gesichtes leer davon ist, ein Gesicht zu sein, mit wirklicher Erkenntnis der Leerheit gleichzusetzen wäre, dann müssten Sie, sobald Sie Ihren Geist auf irgendein anderes Objekt lenkten, wie zum Beispiel Ihren Arm, oder Ihren Körper, oder Ihre Wohnung, auch sofort dessen Leerheit von inhärenter Existenz erkennen. Doch das ist nicht der Fall. Nochmals, es ist nicht so, dass Sie und andere Menschen Täuschungen *sind*, vielmehr erscheinen Sie und die anderen *wie* Täuschungen.

Sich selbst und andere Phänomene *wie* Täuschungen wahrnehmen zu können, hat zwei Voraussetzungen: Erstens, die falsche Erscheinung von sich selbst oder anderen Objekten als inhärent existent; und zweitens ein Verständnis davon, dass Sie selbst oder was immer Sie betrachten, nicht auf diese Weise existieren. In der Meditation haben Sie die Erfahrung gemacht, dass Sie nach dieser unabhängigen Eigenschaft von Phänomenen gesucht, diese aber nicht gefunden haben, auch wenn nach Ihren Meditationen die Phänomene immer noch auf ebensolche Weise als inhärent existent *erscheinen*. Ihr vorangegangenes Verständnis öffnet nun das Tor zur Erkenntnis, dass diese Phänomene illusorisch sind in dem Sinne, dass sie als inhärent existent erscheinen, sie aber in Wirklichkeit nicht inhärent existieren. So sagte Buddha: „Alle Dinge haben die Eigenschaft von etwas Unrichtigem und Täuschendem."

Es gibt vielerlei Diskrepanzen zwischen der Art und Weise, wie die Dinge erscheinen und der Art und Weise, wie sie in Wirklichkeit sind. Etwas, das vergänglich ist, kann als unvergänglich erscheinen. Und manchmal erscheinen uns die Ursachen für Schmerzen (wenn wir beispielsweise zu viel essen) zunächst als Ursachen eines Vergnügens, sind es aber letzen Endes nicht. Etwas, das schließlich zu Leiden führt, wird nicht als das gesehen, was es in Wirklichkeit ist, sondern wird fälschlicherweise als ein Weg betrachtet, der zum Glück führt. Obwohl wir uns Glück wünschen, wissen wir aufgrund unserer Unwissenheit nicht, wie wir dieses Glück erreichen können. Obwohl wir vom Leiden frei sein möchten, arbeiten wir genau daran, die Ursachen für das Leiden zustande zu bringen, da wir ein falsches Verständnis davon haben, was Leiden hervorbringt.

Die Augen derer, die sich eine Zaubervorstellung ansehen, werden durch die Täuschungen des Zauberkünstlers beeinflusst, und aufgrund dieser Täuschungen glauben die Zuschauer, Pferde, Elefanten und so weiter zu sehen. Indem wir den Erscheinungen von inhärenter Existenz zustimmen, übertreiben wir auf ähnliche Weise den Status von guten und schlechten Phänomenen, und werden dadurch in Begierde und Hass hineingezogen und in Handlungen, die Karma verursachen. Was ein nicht inhärent existentes „Ich" ist, erscheint uns als inhärent existentes „Ich", und wir nehmen diese Erscheinung als gegeben an.

WIE UNS DIESE SICHTWEISE HILFT

Menschen und Dinge wie Täuschungen zu betrachten, hilft uns, ungünstige Emotionen zu verringern, da Begierde, Hass und alle anderen leidbringenden Emotionen daraus entstehen, dass wir

Phänomene jenseits dessen, was diese Phänomene in Wirklichkeit sind, mit Qualitäten wie „gut" und „schlecht" überlagern. Wenn wir uns beispielsweise über jemanden sehr ärgern, dann haben wir ein starkes Gespür für die Schlechtigkeit dieses Menschen. Wenn wir uns später beruhigt haben und dann denselben Menschen betrachten, dann kann es sein, dass wir unsere eigene frühere Wahrnehmung lächerlich finden.

Der klare Vorteil von Einsicht ist der, dass sie uns davon abhält, Objekten jenseits dessen, was diese Objekte in Wirklichkeit sind, eine Gutheit und Schlechtigkeit zuzuschreiben. Durch diese Schwächung von Selbsttäuschung wird es uns möglich, Begierde und Hass zu verringern und schließlich ganz aufzugeben, da diese leidbringenden Emotionen auf unrealistischen Übertreibungen aufbauen. Dieses Auflösen von ungesunden Emotionen wiederum schafft mehr Raum für gesunde Emotionen und heilsame Einstellungen. Indem wir die Phänomene mit Einsicht betrachten, holen wir sie in den Bereich unserer Übung der Leerheit hinein.

Wenn Sie sich darin üben, Liebe und Mitgefühl auszudehnen, dann sollten Sie sich daran erinnern, dass auch Liebe und Mitgefühl und auch die Menschen, die das Objekt Ihrer Liebe und Ihres Mitgefühls sind, wie die Täuschungen eines Zauberkünstlers sind. Sie erscheinen Ihnen nämlich so dinglich und konkret, als ob sie in und aus sich selbst heraus bestünden, was aber nicht der Fall ist. Wenn Sie Liebe, Mitgefühl und die anderen Menschen als inhärent existent betrachten, dann wird diese Sichtweise Sie davon abhalten, Liebe und Mitgefühl in vollem Ausmaß entwickeln zu können. Vielmehr sollten Sie sie wie Täuschungen betrachten, die auf eine Weise erscheinen, in Wirklichkeit aber auf andere Weise existieren. Diese Sichtweise wird sowohl Ihre Erkenntnis der Leerheit als auch Ihre Liebe und Ihr Mitgefühl vertiefen, so dass Sie sich in diesem Verständnis wirkungsvoll mitfühlenden Handlungen widmen können.

Meditative Kontemplation

1. Kreisen Sie, wie Sie das schon zuvor getan haben, das Ziel Ihrer Untersuchung ein, nämlich die Erscheinung des „Ich", als ob es in und aus sich selbst heraus errichtet sei, und erinnern Sie sich an eine Situation, in der Sie felsenfest an die Existenz eines solchen „Ich" glaubten.
2. Nehmen Sie deutlich die Unwissenheit wahr, welche die Wirklichkeit mit einer Schicht von inhärenter Existenz überzieht und identifizieren Sie diese Unwissenheit.
3. Legen Sie besonderes Gewicht auf die Betrachtung folgender Tatsache: Wenn es ein solches inhärent existentes „Ich" gäbe, dann müssten das „Ich" und das Geist-Körper-Gefüge entweder ein und dasselbe oder aber voneinander verschieden sein.
4. Betrachten Sie dann mit Nachdruck die Widersinnigkeit der Behauptung, dass das Selbst und das Geist-Körper-Gefüge entweder ein und dasselbe oder aber voneinander verschieden wären. Spüren Sie die Unmöglichkeit der folgenden zwei Behauptungen:

DIE BEHAUPTUNG DES EINSSEINS UNTERSUCHEN
- Das „Ich" und der Geist/Körper müssten vollständig und in jeder Hinsicht ein und dasselbe sein.
- In diesem Falle wäre es sinnlos, von einem „Ich" zu sprechen.
- Es wäre unmöglich, von „meinem Körper" oder „meinem Kopf" oder „meinem Geist" zu sprechen.
- Wenn Geist und Körper nicht mehr existieren, würde das Selbst auch nicht mehr existieren.
- Da Geist und Körper mehr als eins sind, müssten die „Ichs" einer Person auch mehrfach vorhanden sein.
- Da unser „Ich" nur eines ist, müssten unser Geist und Körper auch nur eines sein.
- Genauso wie der Geist und der Körper entstehen und wieder vergehen, würde das „Ich" inhärent entstehen und inhärent vergehen. In diesem Fall würden weder die angenehmen Auswirkungen von heilsamen Handlungen noch die schmerzhaften Auswirkungen von unheilsamen Handlungen in uns

zur Reife gelangen, oder aber wir würden die Wirkungen von Handlungen erfahren, die wir selber gar nicht begangen haben.

DIE BEHAUPTUNG DES VERSCHIEDENSEINS UNTERSUCHEN

- Das „Ich" und der Geist/Körper müssten vollständig voneinander verschieden sein.
- In diesem Fall müsste das „Ich" auffindbar sein, nachdem Geist und Körper beiseite geräumt wurden.
- Das „Ich" würde nicht die Eigenschaften des Entstehens, des Bestehens und des Zerfalls aufweisen, was absurd wäre.
- Das „Ich" müsste unsinnigerweise nur reine Einbildung sein oder aber unvergänglich.
- Das „Ich" würde unsinnigerweise keine geistigen oder physischen Eigenschaften aufweisen.

5. Wenn Sie ein solches „Ich" nicht finden können, dann treffen Sie eine klare und feste Entscheidung: „Weder ich, noch irgendein anderer Mensch ist inhärent existent."
6. Verweilen Sie einen Augenblick in dieser Wahrnehmung und nehmen Sie die Bedeutung der Leerheit in sich auf, indem Sie sich auf die Abwesenheit von inhärenter Existenz konzentrieren.
7. Lassen Sie dann wieder die Erscheinungen von Menschen in Ihrem Geist auftauchen.
8. Reflektieren Sie über die Tatsache, dass Menschen und Lebewesen innerhalb des Kontextes des Entstehens in wechselseitiger Abhängigkeit Handlungen ausführen und somit Karma ansammeln und die Wirkungen ihrer Handlungen erfahren.
9. Stellen Sie die Tatsache fest, dass das Erscheinen von Menschen und Lebewesen innerhalb der Abwesenheit von inhärenter Existenz möglich ist und Wirkungen herbeiführen kann.
10. Wenn Wirksamkeit und Leerheit einander zu widersprechen scheinen, ziehen Sie das Beispiel eines Spiegelbildes zu Hilfe:

- Das Spiegelbild eines Gesichtes kommt in Abhängigkeit von einem Spiegel und einem Gesicht unbestreitbar zustande, auch wenn es leer ist von den Augen, Ohren, der Nase usw., die es zu haben scheint. Das Spiegelbild eines Gesichtes verschwindet unbestreitbar, wenn Gesicht oder Spiegel fehlen.
- Auf ähnliche Weise stellt es keinen Widerspruch dar, dass ein Mensch Handlungen ausführt, Karma ansammelt, die Auswirkungen von Handlungen erlebt und in Abhängigkeit von Karma und destruktiven Emotionen wiedergeboren wird, obwohl dieser Mensch nicht einmal ein Staubkörnchen an inhärenter Existenz aufweist.

11. Versuchen Sie, dieses Fehlen eines Widerspruches zwischen Wirksamkeit und Leerheit in Bezug auf alle fühlenden Wesen und in Bezug auf alle Dinge wahrzunehmen.

ZWANZIGSTES KAPITEL

Wahrnehmen, wie alles auf Gedanken beruht

Selbst die verschiedenen blühenden Blumen,
die den Geist erfreuen,
Und die attraktiv schimmernden,
erhabenen goldenen Wohnstätten sind
In keiner Weise von einem inhärent
existenten Schöpfer erschaffen.
All dies wird durch die Kraft der Gedanken gebildet.
Durch die Kraft begrifflichen Denkens wird die Welt erschaffen.

Buddha

Wenn Sie eine ungefähre Vorstellung davon entwickelt haben, was es heißt, dass alles von Gedanken abhängt, dann sollten Sie sich die Frage stellen, ob Ihnen andere Menschen und Dinge normalerweise auf diese Weise erscheinen oder nicht. Wenn wir auf subtiler Ebene von Emotionen beeinflusst werden, dann ist es schwierig, festzustellen, wie wir an diesen Emotionen festhalten. Rufen Sie sich daher eine Situation in Erinnerung, in der Sie starken Hass oder starke Begierde verspürten. Der gehasste oder begehrte Mensch oder Gegenstand erschien Ihnen als sehr substanziell und sogar völlig unveränderlich, nicht wahr? Wenn Sie nun genauer hinschauen, dann werden Sie verstehen, warum Sie momentan noch nicht von sich behaupten können, dass Sie die Phänomene bereits als auf Gedanken beruhend betrachten. Vielmehr erscheinen Ihnen die Phänomene noch so, als ob sie aus eigener Kraft heraus existierten.

Als ich etwa fünfunddreißig Jahre alt war, reflektierte ich über eine Textpassage von Tsongkhapa, in der er erläutert, wie das „Ich" weder innerhalb noch außerhalb des Geist-Körper-Gefüges gefunden werden kann und wie die Existenz des „Ich" von begrifflichem Denken abhängt. Hier ist diese Textstelle:

> Das gesprenkelte Farbmuster und die zusammengerollte Form eines aufgerollten Seils sind denen einer Schlange ähnlich, und wenn das Seil im Halbdunkel wahrgenommen wird, entsteht der Gedanke: „Das ist eine Schlange." Was das Seil betrifft in dem Moment, wo es als Schlange gesehen wird, sind die Ansammlung und die Teile des Seils nicht einmal im Geringsten eine Schlange. Daher ist diese Schlange lediglich durch begriffliches Denken verursacht und etabliert. Genauso ist es, wenn der Gedanke „Ich" in Abhängigkeit von Geist und Körper entsteht: Nichts innerhalb des Geistes und des Körpers – weder die Ansammlung, die eine ununterbrochene Folge von früheren und späteren Momenten ist, noch die Ansammlung der Teile zu einer bestimmten Zeit, noch die einzelnen Teile, noch die ununterbrochene Folge von irgendwelchen der getrennten Teile – ist, auch nicht im Geringsten, das „Ich". Ebenso gibt es nicht im Geringsten etwas, das ein von Geist und Körper verschiedenes Wesen ist und als das „Ich" begriffen werden kann. Folglich ist das „Ich" *nur* durch das begriffliche Denken, in Abhängigkeit von Geist und Körper, verursacht und etabliert; es entsteht nicht durch sein eigenes Wesen.

Plötzlich war mir, als ob ein Blitz durch meine Brust fuhr. Ich war so von Ehrfurcht ergriffen, dass, wann immer ich während der folgenden Wochen Menschen sah, diese mir wie die Täuschungen eines Zauberkünstlers vorkamen, weil sie als inhärent existent erschienen, ich aber wusste, dass dies in Wirklichkeit nicht der Fall war. Ab diesem Zeitpunkt begann ich zu verstehen, dass es wirklich möglich ist, den Prozess des Entstehens der leidbringenden Emotionen anzuhalten, indem ich nicht länger der Art und Weise, wie das „Ich" und all die anderen Phänomene erscheinen, meine Zustimmung gebe. Jeden Morgen meditiere ich über die Leerheit, und jedes Mal rufe ich mir die Erfahrung von damals ins Gedächtnis, um sie in meine Aktivitäten des Tages hineinzubringen. Lediglich „Ich" zu denken oder zu sagen wie beispielsweise in dem Satz: „Ich werde dieses und jenes tun", löst dann schon oft dieses Gefühl aus. Aber noch immer kann ich keinen Anspruch auf ein umfassendes Verständnis der Leerheit erheben.

WAS ES BEDEUTET, VON BEGRIFFLICHEM DENKEN ERSCHAFFEN ZU SEIN

Wenn wir schöne Blumen oder ein herrliches Haus betrachten, dann erscheinen diese Phänomene dort drüben unserem hier wahrnehmenden Bewusstsein so, als ob sie in und aus sich selbst heraus existierten. Doch nichts dort drüben in den wahrgenommenen Objekten kann bei genauerer Betrachtung eine solche Existenzweise bestätigen. Vielmehr ist die Wahrnehmungskraft unseres Geistes die Quelle der wahrgenommenen Objekte. Und das trifft auf alle Phänomene zu. Wenn wir diese Phänomene suchen, dann können sie nicht als aus sich selbst heraus bestehend ermittelt werden, obwohl sie genau so erscheinen.

Dadurch, dass Phänomene und Lebewesen Nutzen und Schaden bringen, was vom Bewusstsein abhängt, existieren sie. Phänomene und fühlende Wesen haben niemals in und aus sich selbst heraus existiert, existieren nicht auf solche Weise und werden niemals auf solche Weise existieren. Sie existieren durch die Kraft des Geistes, durch die Kraft der Konventionen.

In dem Zitat, das am Beginn dieses Kapitels angeführt wurde, sagt Buddha, dass die ganze Welt vom begrifflichen Denken abhängt. Auf ähnliche Weise drückt das Aryadeva in seinen *Vierhundert Versen über die yogischen Taten der Bodhisattvas* aus:

> Begierde und so weiter existieren
> Nicht ohne begriffliches Denken.
> Welcher intelligente Mensch würde daher postulieren,
> Dass sie wirkliche Objekte sind, die auch begrifflich sind?

Chandrakirtis Kommentar zu diesem Vers zeigt, dass Phänomene nur in Gegenwart von begrifflichem Denken existieren:

> Phänomene, die nur dann existieren, wenn begriffliches Denken vorhanden ist, und die nicht existieren, wenn begriffliches Denken fehlt, bestehen ganz sicher nicht durch ihre eigene Natur, wie eine Schlange, die in einem aufgerollten Seil wahrgenommen wird.

Die Bedeutung erforschen

Wie sollen wir das verstehen, dass die großen indischen und tibetischen Gelehrten derart darauf beharren, wie grundlegend wichtig begriffliches Denken ist? Es wäre äußerst unbequem anzunehmen, dass wir genau in dem Moment, wo jedes einzelne Objekt in unseren Wahrnehmungsbereich kommt, Gedanken entwickeln müssten, die jedes einzelne dieser Objekte konstruierten. Egal wie schnell unser Denken funktionierte, gäbe es nicht genügend Zeit für uns, um all die Gedanken zu entwickeln, die für einen einzigen Augenblick der visuellen Wahrnehmung notwendig wären.

In der Tat ist es so, dass die äußeren Objekte Teil des Prozesses sind, wenn wir ein Bewusstsein über sie entwickeln, beispielsweise wenn wir einen Baum und seine Umgebung wahrnehmen. Wenn Abhängigkeit von den Gedanken aber bedeutete, dass wir einen konzeptuellen Gedanken für alles, was wir sehen, entwickeln müssten, dann wäre das absurd. Daher erscheint es mir, dass die „Erschaffung der Welt durch begriffliches Denken" letzten Endes bedeutet, dass Objekte und Phänomene ihre Existenz nicht aus sich selbst erschaffen können, ohne von einem Bewusstsein abhängig zu sein. Von diesem Standpunkt aus wird gesagt, dass alle Phänomene, sowohl Dinge als auch fühlende Wesen, durch begriffliches Denken erschaffen sind.

Es ist beispielsweise offensichtlich, dass Wirkungen von Ursachen abhängen. Aber Ursachen hängen auf subtile Weise auch von ihren Wirkungen ab. Jede Ursache selbst ist bereits eine Auswirkung ihrer eigenen vorausgegangenen Ursachen und entsteht daher in Abhängigkeit von diesen jeweiligen Ursachen. Alle buddhistischen Schulen stimmen darin überein, dass Auswirkungen in Abhängigkeit von Ursachen entstehen. Ursache und Wirkung bilden hier eine zeitliche Sequenz, in der eine Wirkung nach ihrer Ursache entsteht. Das ist Entstehen in wechselseitiger Abhängigkeit im Sinne von *Erschaffen in Abhängigkeit*.

Nur die höchste philosophische Schule innerhalb des Buddhismus enthält eine zusätzliche Betrachtungsweise, dass nämlich die Benennung von etwas als eine „Ursache" von der Betrachtung der Auswirkung dieser Ursache abhängt. In diesem Sinne hängt eine Ursache von ihrer Auswirkung ab. Es ist daher nicht so, dass etwas in und aus sich selbst heraus eine Ursache ist, sondern dieses etwas wird als „Ursache" bezeichnet in Relation zu seiner Auswirkung. Die Wirkung geschieht hier nicht vor ihrer Ursache, und die Ursache entsteht nicht nach ihrer Auswirkung, sondern innerhalb des Denkens an ihre zukünftige Wirkung bezeichnen wir etwas als eine Ursache. Das ist mit dem Entstehen in wechselseitiger Abhängigkeit im Sinne von *Benennung in Abhängigkeit* gemeint.

So sagt Nagarjuna in seiner *Grundlegenden Abhandlung über die Mitte, die „Weisheit" genannt wird*:

> Ein Handelnder hängt von einer Handlung ab,
> Und eine Handlung existiert in Abhängigkeit von einem Handelnden.
> Außer dem Entstehen in wechselseitiger Abhängigkeit
> Sehen wir keine andere Ursache für deren Existenz.

Handelnder und Handlung hängen voneinander ab. Man kann eine Handlung nur in Abhängigkeit von einer Handelnden postulieren, und die Handelnde kann nur in Abhängigkeit von einer Handlung postuliert werden. Eine Handlung entsteht in Abhängigkeit von einem Handelnden, und ein Handelnder entsteht in Abhängigkeit von einer Handlung. Dennoch stehen sie nicht auf die gleiche Weise wie Ursache und Wirkung miteinander in Beziehung, da das eine nicht vor dem anderen erschaffen wird.

Wieso sind, allgemein gesprochen, alle Dinge relativ? Wieso ist eine Ursache von ihrer Wirkung abhängig? Dies ist so, weil die

Ursache nicht in und aus sich selbst heraus besteht. Wenn eine Ursache in und aus sich selbst heraus bestünde, dann würde diese Ursache nicht von ihrer Wirkung abhängen. Es gibt aber keine autarke und selbständige Ursache. Daher finden wir nichts, das in und aus sich selbst heraus existiert, wenn wir eine Ursache analytisch untersuchen, obwohl jedes Ding unserem alltäglichen und gewöhnlichen Geist so erscheint, als ob es sein separates und unabhängiges Wesen hätte. Da alle Phänomene unter dem Einfluss von etwas anderem als sich selbst stehen, hängt die Benennung von einem Ding als Ursache notwendigerweise von der Betrachtung der Wirkung dieses Dinges ab. Das ist der Weg, durch den wir erkennen können, dass dieses subtilere Verständnis des Entstehens in wechselseitiger Abhängigkeit im Sinne von *Benennung in Abhängigkeit* korrekt ist.

Vor kurzem machte ich in Südindien eine Pilgerreise zum Berg Shri Parvata, wo sich Nagarjuna gegen Ende seines Lebens aufhielt. Während dieser Pilgerreise gab ich einer großen Zuhörerschaft die Einweihung in eine buddhistische Tradition, die Kalachakra (Rad der Zeit) genannt wird. Während dieser Einweihung gab ich die Übertragung einer Erklärung zu Tsongkhapas *Loblied auf das Entstehen in wechselseitiger Abhängigkeit*, in Verbindung mit Belehrungen über Nagarjunas *Grundlegender Abhandlung über die Mitte, die „Weisheit" genannt wird*. Während der Einweihung kam ich an eine Textstelle, wo Tsongkhapa sagt:

> Buddha sagte: „Was von Bedingungen abhängt,
> Ist leer von seiner eigenen inhärenten Existenz."
> Was ist erstaunlicher
> Als dieser wunderbare Ratschlag?

Ich dachte mir: „Das ist wirklich so!" und hatte dabei folgende Gedanken: Es mag in der Tat einige Tiere geben, die vom Entstehen in wechselseitiger Abhängigkeit von Ursache und Wirkung eine Ahnung haben. Doch für uns Menschen ist dieses Entstehen in wechselseitiger Abhängigkeit von Ursache und Wirkung eine unbestreitbare Tatsache, über die wir, im Unterschied zu den Tieren, reflektieren können. Doch wenn Sie diesen Gedankengang weiterverfolgen, dann entwickelt sich das Entstehen in wechselseitiger Abhängigkeit von Ursache und Wirkung aufgrund von der *Benennung in Abhängigkeit*, was ein Hinweis darauf ist, dass Ursache und Wirkung keinen eigenen Wesenskern haben. Wenn Ursache und Wirkung ihren eigenen Wesenskern hätten, dann müssten sie nicht in wechselseitiger Abhängigkeit benannt werden. Buddhapalita, der ein Schüler von Nagarjuna war, sagt in seinen Erklärungen zum zweiundzwanzigsten Kapitel von Nagarjunas *Grundlegender Abhandlung über die Mitte, die „Weisheit" genannt wird*:

> Wenn etwas aufgrund seiner eigenen unabhängigen und getrennten Existenz bestehen würde, wäre es nicht notwendig, dieses als etwas Abhängiges zu postulieren.

Wenn ein Ding in und aus sich selbst heraus existieren würde, dann wäre das in der Tat genug. Wir könnten dann einfach sagen: „Es ist das", ohne irgendeine Notwendigkeit, dieses Ding mit irgendetwas anderem in Beziehung zu setzen. Doch da das Ding nicht in und aus sich selbst heraus etabliert ist, gibt es keine andere Alternative zu dem Postulat, dass dieses Ding in Beziehung zu etwas anderem steht. Diesen Gedanken finde ich immer wieder sehr hilfreich.

Auf gleiche Weise sagt Tsongkhapa in seinem Text *Die drei Hauptaspekte des Pfades zur Erleuchtung*:

> Mit der gleichzeitigen Erkenntnis des Entstehens in wechselseitiger Abhängigkeit und der Erkenntnis der Leerheit, ohne zwischen diesen beiden hin- und herzuwechseln,
> Wird die Betrachtungsweise von inhärenter Existenz durch definitives Wissen vollständig zerstört,
> Indem das Entstehen in wechselseitiger Abhängigkeit als unwiderlegbar gesehen wird.
> An diesem Punkt angekommen, ist die Untersuchung der Wirklichkeit vollständig.

Wenn wir über das abhängige Geflecht im Herzen des Entstehens in wechselseitiger Abhängigkeit reflektieren, wird unser Verständnis gestärkt, dass die Phänomene nur dem Namen nach existieren und lediglich eine von uns zugeschriebene Existenz haben, nichts mehr als das. Wenn wir verstanden haben, dass allein schon die bloße Zuschreibung die Vorstellung untergräbt, dass Phänomene in und aus sich selbst heraus existieren, dann haben wir die Aufgabe erfüllt, herauszufinden, was die buddhistische Sichtweise der Wirklichkeit ist. Ich habe die Hoffnung, dass ich mich diesem Punkt nähere.

Alles, was unseren Sinnen oder unserem Geist erscheint, entsteht in Abhängigkeit vom begrifflichen Denken. Wenn Sie das verstanden haben, werden Sie die Vorstellung überwinden können, dass Phänomene aus eigener Kraft heraus existieren. Sie werden die Wahrheit darin erkennen, dass Phänomene nicht aus eigener Kraft heraus existieren. Sie werden die Leerheit (das heißt Freiheit von inhärenter Existenz) erkennen können, die jenseits der unzähligen Probleme existiert, die aus der Sichtweise hervorgehen, dass Phänomene in und aus sich selbst heraus existieren. Diese Leerheit ist das Heilmittel, um die Täuschungen aufzuheben, in denen wir uns befinden.

Meditative Kontemplation

1. Gehen Sie zurück in eine Situation, in der Sie von Hass oder Begierde erfüllt waren.
2. Erscheint Ihnen der verhasste bzw. begehrte Mensch oder das verhasste bzw. begehrte Objekt nicht als sehr substanziell, gegenständlich und wirklich?
3. Da dies der Fall ist, können Sie unmöglich behaupten, dass Sie die Phänomene bereits als vom Denken abhängig betrachten.
4. Sie betrachten die Phänomene vielmehr so, als ob sie aus eigener Kraft heraus existierten.
5. Erinnern Sie sich daran, dass Sie immer wieder auf die Leerheit meditieren müssen, um dieser irrtümlichen Erscheinungsweise von Phänomenen entgegenzuwirken.

WIE UNS DIESE ERKENNTNIS HILFT,
DIE INHÄRENTE EXISTENZ ZU IDENTIFIZIEREN

Alle buddhistischen Schulen sagen, dass Existenz und Nichtexistenz durch gültige Erkenntnis bestimmt werden können. Von dieser Perspektive aus betrachtet, scheinen das wahrgenommene Objekt und das wahrnehmende Subjekt gleich stark zu sein. Das höchste buddhistische Lehrsystem, das die Schule des Mittleren Weges genannt wird, und innerhalb dieses Lehrsystems die Konsequenzschule, entwickeln diesen Gesichtspunkt noch weiter: Sie stellen fest, dass es nicht so ist, dass ein gültiges Bewusstsein Dinge findet, die aus eigener Kraft heraus existieren. Vielmehr ist es so, dass diese Dinge abhängig davon sind, von begrifflichem Denken konstituiert zu werden. Nichts kann außerhalb begrifflichen Denkens existieren, und alles wird als vom Geist abhängend gesehen. Der Geist ermächtigt und bevollmächtigt. Der Geist erschafft die Welt.

Das ist der Grund, warum die buddhistischen Schriften immer wieder sagen, dass das „Ich" und alle anderen Phänomene nur durch die Kraft begrifflichen Denkens existieren. Obwohl das „Ich" in Abhängigkeit von Geist und Körper besteht, sind Geist und Körper nicht das „Ich", noch ist das „Ich" der Geist und Körper. Das „Ich" wird in Abhängigkeit von Geist und Körper hervorgebracht, aber innerhalb von Geist und Körper gibt es nichts, was das „Ich" wäre. Das „Ich" und alle anderen Phänomene werden nur durch den Geist erschaffen. Wenn Sie dies verstehen, dann bekommen Sie eine Ahnung davon, dass Menschen nicht in und aus sich selbst heraus existieren. Sie sind nur etwas in Abhängigkeit Entstandenes. Und wenn Sie dann sehen, dass Phänomene normalerweise nicht so erscheinen, als ob sie unter dem Einfluss von begrifflichem Denken stünden, sondern vielmehr aus eigener Kraft heraus zu existieren scheinen, dann werden Sie erkennen: „Ah! Das ist es, was widerlegt wird."

Meditative Kontemplation

Betrachten Sie:

1. Das „Ich" besteht in Abhängigkeit von Geist und Körper.
2. Geist und Körper sind jedoch nicht das „Ich". Noch ist das „Ich" Geist und Körper.
3. Das „Ich" hängt daher von begrifflichem Denken ab und wird durch den Geist hervorgebracht.
4. Die Tatsache, dass das „Ich" von begrifflichem Denken abhängt, zeigt, dass das „Ich" nicht in und aus sich selbst heraus existiert.
5. Nehmen Sie wahr, dass Sie nun ein feineres Gespür dafür haben, was es bedeutet, wenn etwas in und aus sich selbst heraus existiert. Die Erkenntnis der Leerheit zielt darauf ab, genau diese inhärente Existenz zu widerlegen.

SECHSTER TEIL.

LIEBE UND MITGEFÜHL MIT HILFE VON SELBSTERKENNTNIS UND WEISHEIT VERTIEFEN

EINUNDZWANZIGSTES KAPITEL

Empathie entwickeln

Heil dem liebenden Mitgefühl für die im Daseinskreislauf wandernden Lebewesen,
Die machtlos sind wie ein Wassereimer, der sich in einem Brunnen hinauf- und hinunterbewegt,
Indem sie zuerst sich selbst übertreiben: „Ich.",
Und dann Anhaftung an die Dinge entwickeln: „Das ist meins."

Chandrakirti

Auch wenn es am Anfang notwendig ist, einen starken Willen zu haben, um Liebe und Mitgefühl entwickeln zu können: Ein starker Wille allein reicht nicht aus, um diese altruistischen Geisteshaltungen ins Grenzenlose zu entfalten. Dazu ist es notwendig, die Übung in Liebe und Mitgefühl mit der Übung in Selbsterkenntnis und Weisheit zu vereinen. So kann der Vogel, der zur Erleuchtung fliegt, sein Ziel erreichen. Auch wenn Sie aus Fürsorge einem anderen Menschen helfen, können Sie ohne Erkenntnis und Weisheit nicht wirklich sicher darüber sein, welcher Nutzen aus Ihren Anstrengungen entstehen wird. Wir brauchen die Kombination von beiden: ein gutes menschliches Herz und ein gutes menschliches Gehirn. Wenn diese beiden Hand in Hand arbeiten, dann können wir viel erreichen.

EINE METAPHER ALS HILFE FÜR UNSERE KONTEMPLATION

In dem oben zitierten Vers zeigt Chandrakirti, wie wir Erkenntnis und Weisheit vertiefen können, indem wir den Prozess verstehen, der unsere Leiden hervorruft. Diesen Prozess vergleicht Chandrakirti mit einem Eimer, der sich in einem Wasserbrunnen hinauf- und hinunterbewegt. Wie kann man die Lebewesen, die von einem Leben ins nächste wiedergeboren werden, mit einem Wassereimer in einem Brunnen vergleichen? Dazu gibt es sechs Vergleichsmöglichkeiten:

1. Genauso wie der Wassereimer an einem Seil festgebunden ist, so sind die Lebewesen an den leidbringenden Emotionen und den von ihnen motivierten Handlungen festgebunden.
2. Genauso wie die Bewegungen des Wassereimers im Brunnen nach oben und nach unten von jemandem ausgeführt werden, der dies bewirkt, so wird der Prozess des Daseinskreislaufes von einem ungezähmten Geist am Laufen gehalten, genauer gesagt von der fälschlichen Annahme, dass das Selbst oder „Ich" inhärent existiert und von dem daraus resultierenden falschen Verständnis von „meines".
3. Genauso wie der Wassereimer immer und immer wieder im Brunnen auf- und abwandert, so wandern die fühlenden Wesen ständig im großen Brunnen des Daseinskreislaufes auf und ab, von den höchsten Ebenen vorübergehenden Glücks bis zu den tiefsten Ebenen vorübergehenden Schmerzes.
4. Genauso wie es große Anstrengungen braucht, um den Wassereimer hochzuziehen, er sich aber mühelos nach unten bewegt, so müssen die fühlenden Wesen große Anstrengungen unternehmen, um sich in ein glücklicheres Leben hochzuziehen, wandern aber mühelos in schmerzvolle Situationen hinunter.
5. Genauso wie ein Wassereimer nicht selbst über seine Bewegungen bestimmt, so sind die Faktoren, die das Leben eines Menschen formen, das Ergebnis von vergangener Unwissenheit, Anhaftung und Ergreifen bzw. Handlung. In der Gegenwart schaf-

fen dieselben Faktoren ständig neue Probleme für unsere zukünftigen Leben, wie Wellen im Ozean.
6. Genauso wie der Wassereimer bei seinen Auf- und Abwärtsbewegungen gegen die Wand des Brunnens schlägt und dadurch zerbeult wird, so werden die fühlenden Wesen tagein tagaus durch die Leiden und Veränderungen des Lebens in Mitleidenschaft gezogen und durch Abläufe, auf die sie keinen Einfluss haben.

Mit dieser Metapher und diesem Vergleich ermöglicht Chandrakirti einen Einblick in den Prozess, der den Daseinskreislauf antreibt. Zuerst sollten Sie diese Informationen, die hier über den Daseinskreislauf gegeben werden, auf sich selbst anwenden, so dass Sie Ihre eigene Not, in der Sie sich befinden, verstehen und den starken Wunsch entwickeln können, diese Dynamik der sich immer wiederholenden Probleme zu überwinden. Wenn Ihr Geist noch nicht von der Erkenntnis beeinflusst ist, wie Sie selber in einem unkontrollierten Kreislauf der Selbstzerstörung herumwandern, dann werden Sie das Leiden der anderen Lebewesen nicht als so unerträglich empfinden, dass sie all diesen anderen Lebewesen aus diesem Morast heraushelfen wollen.

Meditative Kontemplation

Betrachten Sie:

1. Genauso wie ein Wassereimer in einem Brunnen an einem Seil festgebunden ist, so bin ich an leidbringenden Emotionen und an den aus ihnen motivierten Handlungen festgebunden.
2. Genauso wie die Bewegungen des Wassereimers im Brunnen nach oben und nach unten von jemandem ausgeführt werden, der dies bewirkt, so wird der Prozess meiner unzähligen Leben innerhalb des Daseinskreislaufes von meinem ungezähmten Geist am Laufen gehalten, genauer gesagt von der fälschlichen Annahme, dass mein „Ich" inhärent existiert und dass das, was „meins" ist, auch inhärent existiert.

3. Genauso wie der Wassereimer immer und immer wieder im Brunnen auf- und abwandert, so wandere ich ständig im großen Brunnen des Daseinskreislaufes auf und ab, von den höchsten Ebenen vorübergehenden Glücks bis zu den tiefsten Ebenen vorübergehenden Schmerzes.
4. Genauso wie es große Anstrengungen braucht, um den Wassereimer hochzuziehen, er sich aber mühelos nach unten bewegt, so muss ich große Anstrengungen unternehmen, um mich in ein glücklicheres Leben hochzuziehen, wandere aber mit Leichtigkeit und mühelos in schmerzvolle Situationen hinunter.
5. Genauso wie ein Wassereimer nicht selbst über seine Bewegungen bestimmt, so sind die Faktoren, die mein Leben formen, das Ergebnis von vergangener Unwissenheit, Anhaftung und Ergreifen bzw. Handlung. In der Gegenwart schaffen dieselben Faktoren ständig neue Probleme für meine zukünftigen Leben, wie Wellen im Ozean.
6. Genauso wie der Wassereimer bei seinen Auf- und Abwärtsbewegungen gegen die Wand des Brunnens schlägt und dadurch zerbeult wird, so werde auch ich tagein tagaus in Mitleidenschaft gezogen durch das Leiden des Schmerzes, das Leiden der Veränderung und durch Abläufe, auf die ich keinen Einfluss habe.
7. Daher sollte ich aus der Tiefe meines Herzens den Wunsch entwickeln, mich aus diesem Kreislauf des Leidens zu befreien.

Diese Einsicht auf andere ausdehnen

Da Sie nun die Wirkungsweise von Qualen und Elend anhand Ihrer eigenen Situation verstanden haben, können Sie diese Erkenntnis auf andere fühlende Wesen anwenden, die sich in derselben miserablen Lage befinden. Damit Sie jedoch mit Liebe und Mitgefühl reagieren, reicht es nicht aus, lediglich darüber Bescheid zu wissen, wie die anderen Lebewesen leiden. Sie müssen auch ein Gefühl der engen Verbundenheit mit ihnen haben. Ansonsten könnte es vorkommen, dass Sie umso glücklicher wären, je mehr Sie von den Leiden Ihrer Feinde erfahren würden. Tsongkhapa sagt:

Wenn du in der Welt Leiden bei deinen Feinden wahrnimmst, dann ist das nicht nur nicht unerträglich für dich, sondern du freust dich sogar daran. Wenn du Menschen leiden siehst, die dir weder geholfen noch geschadet haben, dann wirst du ihnen in den meisten Fällen keine Aufmerksamkeit schenken. Solche Reaktionen rühren daher, dass du kein Gefühl der Nähe zu diesen Menschen hast. Wenn du aber siehst, wie deine Freunde leiden, dann ist das unerträglich für dich [in dem Sinn, dass du etwas dagegen tun willst], und der Grad der Unerträglichkeit ist genauso groß wie dein Gefühl der Nähe zu diesen Menschen. Daher ist es unbedingt erforderlich, dass du ein starkes Gefühl der Nähe und Verbundenheit für Lebewesen entwickelst.

Wirkliche Liebe und wirkliches Mitgefühl wachsen auf dem Boden des Respekts für andere Menschen. Dieses Gefühl der Empathie erlangen Sie durch die Erkenntnis, dass Sie und alle anderen Menschen – ob Freunde, Feinde oder Menschen, denen Sie neutral gegenüber stehen, denselben grundlegenden Wunsch haben, Glück erlangen und Leiden vermeiden zu wollen, auch wenn wir unterschiedliche Vorstellungen davon haben, was als Glück und Leiden angesehen wird. Ebenso ist es hilfreich, sich bewusst zu sein, dass im Verlauf von unzähligen Leben jedes einzelne fühlende Wesen und jeder einzelne Mensch schon einmal Ihre Mutter und Ihr engster Freund gewesen ist. (Diese Punkte habe ich detailliert in dem Buch „Die Liebe – Quelle des Glücks" beschrieben.)

Mit dieser Grundvoraussetzung des Gefühls einer intimen Verbundenheit mit allen anderen dient das Verständnis, wie die Lebewesen ohnmächtig im Daseinskreislauf umherwandern, nun dazu, unsere Liebe und unser Mitgefühl zu verstärken. Durch Vertrautheit und Einsicht entstehen Liebe, Mitgefühl und der Wunsch, anderen helfen zu wollen, mit einer natürlichen Leichtigkeit.

Meditative Kontemplation

Vergegenwärtigen Sie sich einen Freund und entwickeln Sie drei Ebenen der Liebe:

1. Dieser Mensch möchte Glück, ist dessen jedoch beraubt, leidet Not und steht alleine da. Wie schön wäre es doch, wenn sie oder er vom Glück und allen Ursachen des Glücks erfüllt wäre!
2. Dieser Mensch möchte Glück, ist dessen jedoch beraubt, leidet Not und steht alleine da. Möge sie oder er vom Glück und allen Ursachen des Glücks erfüllt sein!
3. Dieser Mensch möchte Glück, ist dessen jedoch beraubt, leidet Not und steht alleine da. Ich werde alles mir Mögliche tun, um zu bewirken, dass er oder sie von Glück und allen Ursachen des Glücks erfüllt wird.

Entwickeln Sie nun drei Ebenen des Mitgefühls:

1. Dieser Mensch möchte Glück erlangen und Leiden vermeiden, wird aber von furchtbaren Schmerzen heimgesucht. Wenn doch dieser Mensch nur frei sein könnte vom Leiden und von den Ursachen des Leidens!
2. Dieser Mensch möchte Glück erlangen und Leiden vermeiden, wird aber von furchtbaren Schmerzen heimgesucht. Möge dieser Mensch frei sein vom Leiden und von den Ursachen des Leidens!
3. Dieser Mensch möchte Glück erlangen und Leiden vermeiden, wird aber von furchtbaren Schmerzen heimgesucht. Ich werde diesem Menschen helfen, sich vom Leiden und von allen Ursachen des Leidens zu befreien!

Entwickeln Sie nun bedingungslose Hingabe:

1. Der Daseinskreislauf ist ein Prozess, der durch die Unwissenheit am Laufen gehalten wird.
2. Daher ist es sinnvoll und realistisch, wenn ich daran arbeite, die Erleuchtung zu erlangen, um anderen zu helfen, dasselbe zu tun.

3. Selbst wenn ich es alleine tun müsste, werde ich alle fühlenden Wesen vom Leiden und von den Ursachen des Leidens befreien und werde alle fühlenden Wesen zum Glück und zu den Ursachen des Glücks führen.

Vergegenwärtigen Sie sich nacheinander einzelne Menschen, zuerst Freunde, dann neutrale Menschen und dann Feinde. Bei den Feinden sollten Sie mit denen beginnen, die Sie am wenigsten bedrohen. Wiederholen Sie diese Kontemplationen bei jedem einzelnen dieser Menschen. Es wird Monate und Jahre dauern, doch der Nutzen dieser Übung wird immens sein.

ZWEIUNDZWANZIGSTES KAPITEL

Über die Vergänglichkeit nachdenken

> In Tibet gab es Praktizierende, die im Retreat
> so intensiv über die Vergänglichkeit reflektiert haben,
> dass sie nach dem Abendessen
> noch nicht einmal ihr Geschirr abwuschen.
>
> Patrul Rinpoche, *Heiliges Wort*

In diesem Kapitel werde ich über die Vergänglichkeit sprechen, der ersten von den zwei tieferen Ebenen der Einsicht in den Daseinskreislauf. Die zweite tiefere Ebene, Leerheit, wird im nächsten Kapitel erörtert werden.

EIN BILD FÜR DIE VERGÄNGLICHKEIT

Die Widerspiegelung des Mondes schimmert auf einem See, dessen Oberfläche aufgrund einer leichten Brise leicht gekräuselt ist. Die Unwissenheit, die das Geist-Körper-Gefüge fälschlicherweise für etwas inhärent Existentes hält, ist ein großer Fluss, der in den See der fälschlichen Annahme, dass das „Ich" inhärent existent ist, fließt. Der See wird aufgewühlt durch die Winde der kontraproduktiven Gedanken und durch die Winde heilsamer und unheilsamer Handlungen. Die schimmernde Widerspiegelung des Mondes symbolisiert sowohl die gröberen Ebenen der Vergänglichkeit (aufgrund von Tod), als auch die subtileren Ebenen der Vergänglichkeit (aufgrund der langsamen aber stetigen Auflösung, von der alle Lebewesen beherrscht werden). Das Schimmern der sich kräuselnden Wellen illustriert die Vergänglichkeit, denen die fühlenden Wesen ausgesetzt sind, und wir sollten die Lebewesen auf solche Weise betrachten. Indem wir über dieses Bild nachdenken, können wir Erkenntnis und Weisheit darüber entwickeln, wie die Lebewesen unnötigerweise in das Leiden hineingezogen werden, da sie sich nicht im Einklang mit ihrer wahren Natur befinden. Diese Erkenntnis und Weisheit wiederum ruft Liebe und Mitgefühl wach.

SICH DER VERGÄNGLICHKEIT BEWUSST WERDEN

Wir alle befinden uns in der trügerischen Illusion der Unvergänglichkeit. Und so denken wir, dass uns immer eine Menge Zeit bleibt. Diese fälschliche Annahme setzt uns der großen Gefahr aus, unser Leben durch Hinausschieben zu vergeuden. Das ist dann eine ganz besonders große Vergeudung, wenn unser Leben mit den Freiheiten und Möglichkeiten für heilsame Handlungen gesegnet ist. Um dieser Tendenz entgegenzuwirken, ist es wichtig, über die Vergänglichkeit nachzudenken – zuerst über die Tatsache, dass der Tod jeden Augenblick eintreten kann, und dann über die äußerst vergängliche Beschaffenheit unseres Lebens.

Einer der Hauptgründe dafür, dass Begierde und Hass entstehen, ist, dass wir eine zu große Anhaftung an das gegenwärtige Dahinströmen unseres Lebens haben. Wir fühlen und denken, dass unser Leben ewig andauern wird, und mit einer solchen Haltung fixieren wir uns auf bloße Oberflächlichkeiten: materielle Besitztümer, vorübergehende Freunde und zeitlich begrenzte Situationen. Um diese Unwissenheit zu überwinden, ist es wichtig, darüber nachzudenken, dass wir eines Tages nicht mehr hier sein werden.

Auch wenn es keine absolute Gewissheit dafür gibt, dass wir heute Nacht sterben *werden*, so entwickeln wir doch ein Gespür dafür, dass wir heute Nacht sterben *könnten*, wenn wir ein Bewusstsein über den nahe bevorstehenden Tod entwickeln. Mit dieser Haltung werden Sie etwas, das sowohl in diesem, als auch im nächsten Leben von Nutzen ist, den Vorzug geben vor etwas, das lediglich in diesem Leben auf oberflächliche Weise hilft. Indem Sie sich nicht sicher sind, wann der Tod kommen wird, werden

Sie davon Abstand nehmen etwas zu tun, das sowohl Ihrem jetzigen als auch Ihren zukünftigen Leben schaden würde. Sie werden dazu angeregt werden, solche Einstellungen zu entwickeln, die als Gegenmittel gegen die verschiedenen Formen eines ungezähmten Geistes dienen. Ob Sie dann nur noch einen Tag, oder eine Woche, einen Monat oder ein Jahr leben: Diese Zeit wird bedeutungsvoll werden, da Ihre Gedanken und Handlungen auf dem Fundament dessen ruhen, was auf lange Sicht hin von Nutzen ist. Wenn Sie allerdings unter der Illusion der Beständigkeit und Unvergänglichkeit stehen und Sie Ihre Zeit mit Angelegenheiten verbringen, die nur die Oberfläche dieses Lebens berühren, dann werden Sie große Verluste erleiden.

Die Tatsache, dass sich die Dinge von Moment zu Moment verändern, öffnet die Möglichkeit für positive Veränderungen. Wenn Situationen unveränderlich wären, dann würden sie für immer den Aspekt des Leidens behalten. Wenn Sie einmal erkannt haben, dass sich die Dinge ständig verändern, dann können Sie in schwierigen Zeiten Trost in der Tatsache finden, dass die Situation nicht ewig auf diese Weise fortdauern wird.

Es liegt in der Natur des Daseinskreislaufes, dass alles, was sich zusammengefunden hat (Eltern, Kinder, Brüder, Schwestern und Freunde) sich letztendlich wieder auflösen wird. Wie sehr sich Freunde lieben mögen, so werden sie sich schließlich dennoch wieder trennen müssen. Lehrer und Schüler, Eltern und Kinder, Brüder und Schwestern, Ehepartner und Ehepartnerin, und auch die allerbesten Freunde, wer immer sie auch sein mögen, werden letztendlich wieder voneinander getrennt werden. Nicht nur müssen wir uns irgendwann von all unseren geliebten Freunden trennen, auch all unser Wohlstand und alle Ressourcen, die wir angehäuft haben, wie wunderbar diese auch sein mögen, werden letztendlich ihren Nutzen für uns verlieren. Die Kürze dieses Lebens wird uns dazu zwingen, allen Wohlstand hinter uns zu lassen. Der indische Philosoph und Yogi Shantideva spricht in eindrucksvollen Bildern von der Vergänglichkeit und sagt, dass unser gegenwärtiges Leben, wie wunderbar es auch sein mag, wie ein Traum ist, in dem wir großes Vergnügen erleben: Wenn wir aus diesem Traum aufwachen, dann stehen wir mit nichts da, außer mit unseren Erinnerungen. So sagt Buddha im *Sutra des Diamantenschleifers*:

> Betrachte die Dinge, die aus Ursachen zusammengesetzt sind,
> Wie funkelnde Sterne, wie Phantasieprodukte, die man aufgrund einer Augenkrankheit sieht,
> Wie das flackernde Licht einer Butterlampe, wie magische Täuschungen,
> Wie Tau, Seifenblasen, Träume, Blitze und Wolken.

Wenn ich Vorträge halte, manchmal vor vielen tausenden von Menschen, die zu mir aufblicken und sich von mir Erkenntnisse und Weisheit erhoffen, dann rufe ich mir diesen Vers über die Zerbrechlichkeit und Vergänglichkeit von Allem in Erinnerung und schnipse dann mit meinen Fingern, wobei der kurze Ton des Schnipsens die Vergänglichkeit symbolisiert. So erinnere ich mich daran, dass ich bald wieder von meiner jetzigen Position herabsteigen werde. Jedes Lebewesen, wie lange es auch leben mag, muss schließlich sterben. Es gibt keine andere Möglichkeit. Wenn wir uns einmal innerhalb des Daseinskreislaufes befinden, können wir uns seiner Beschaffenheit nicht entziehen. Wie wunderbar die Dinge auch sein mögen, es liegt in ihrer eigentlichen Natur, dass diese sich letzten Endes wieder auflösen werden. Wir alle werden uns letzten Endes wieder auflösen. Daher sagte Buddha: „Erkenne, dass der Körper vergänglich ist, wie ein Tongefäß."

Wenn es das Schicksal gut mit uns meint, ist das nicht von Dauer. Folglich ist es gefährlich, wenn wir zu große Anhaftung daran entwickeln, wenn alles reibungslos für uns läuft. An die Unvergänglichkeit zu glauben, ist schädlich. Wenn lediglich die Gegenwart unser Hauptanliegen ist, dann kümmert uns die Zukunft wenig, und das untergräbt unsere Motivation, uns in mitfühlenden Handlungen um der zukünftigen Erleuchtung der anderen willen zu üben. Wenn wir dagegen die Vergänglichkeit von Allem berücksichtigen, werden wir angemessen motiviert sein.

Am Ende müssen wir alle sterben. Nicht nur das: Wir wissen noch nicht einmal, *wann* unser Ende kommen wird. Wir sollten uns so vorbereiten, dass wir, selbst wenn wir heute Nacht sterben würden, nichts zu bedauern hätten. Wenn wir uns bewusst werden, dass unser Tod möglicherweise nahe bevorsteht und jederzeit eintreten kann, dann wird das Gefühl der Dringlichkeit, unsere Zeit sinnvoll und klug zu nutzen, stärker und stärker werden. Nagarjuna sagt in seinem *Kostbaren Kranz an Ratschlägen*:

> Du lebst inmitten von Ursachen für den Tod,
> Wie eine Kerzenflamme in einem Luftzug.
> Alle Besitztümer hinter dir lassend,
> Bist du im Tode machtlos und musst woanders hingehen.
> Doch alles, was du für die spirituelle Praxis genutzt hast,
> Wird dir als gutes Karma vorangehen.

Wenn Sie sich stets daran erinnern, wie schnell sich dieses Leben wieder auflöst, dann werden Sie Ihre Zeit zu schätzen wissen und das tun, was am Nützlichsten ist. Mit einem starken Gespür für das nahe Bevorstehen des Todes werden Sie die Notwendigkeit verspüren, sich in der spirituellen Praxis zu üben und Ihren Geist zu üben und zu verbessern, statt Ihre Zeit mit allerlei Ablenkungen zu verschwenden – angefangen beim Essen und Trinken, über Klatsch und Tratsch bis hin zum endlosen Gerede über Kriege und Liebesgeschichten.

Für Menschen, die noch nicht einmal das Wort „Tod" hören können, von dessen Wirklichkeit dann ganz zu schweigen, wird das tatsächliche Eintreten des Todes höchstwahrscheinlich großes Unbehagen und Furcht mit sich bringen. Diejenigen aber, die daran gewöhnt sind, den nahe bevorstehenden Tod zu kontemplieren, sind darauf vorbereitet, dem Tod ohne Reue und Bedauern ins Angesicht zu sehen, wenn er dann eintritt. Über die Ungewissheit des Todeszeitpunktes nachzudenken, bringt einen Geisteszustand hervor, der friedvoll ist, gezähmt und heilsam, da er sich mit mehr beschäftigt als nur den oberflächlichen Angelegenheiten dieses einen kurzen Lebens.

Wir alle führen ein Leben, das vom Leiden und der Vergänglichkeit gekennzeichnet ist. Sobald wir einmal erkannt haben, wie viel uns mit allen anderen Menschen verbindet, sehen wir, dass es völlig sinnlos ist, streitlustig zu sein und aggressiv miteinander umzugehen. Betrachten wir eine Gruppe von zum Tode verurteilten Menschen, die kurz vor ihrer Hinrichtung stehen. Während ihres gemeinsamen Aufenthaltes im Gefängnis werden sie alle ihr Leben verlieren. Es wäre sinnlos und absurd, wenn sich diese Gefangenen während ihrer letzten Tage im Gefängnis miteinander streiten würden. Genau wie diese Gefangenen werden wir alle von Leiden und der Vergänglichkeit gefangen gehalten. Unter solchen Umständen gibt es überhaupt keinen Grund dafür, miteinander zu kämpfen oder all unsere geistigen und körperlichen Energien damit zu vergeuden, Geld und materielle Güter anzuhäufen.

Meditative Kontemplation

Nehmen Sie sich folgendes zu Herzen:

1. Es ist sicher, dass ich sterben werde. Es gibt keine Möglichkeit für mich, dem Tod auszuweichen. Meine Lebenszeit läuft ab und kann nicht verlängert werden.
2. Der Zeitpunkt, wann ich sterben werde, ist ungewiss. Alle Menschen haben unterschiedliche Lebenslängen. Es gibt unzählige Todesursachen. Die Ursachen dafür, am Leben zu sein, sind dagegen vergleichsweise gering. Dieser menschliche Körper ist äußerst zerbrechlich.
3. Wenn ich sterbe, wird mir nichts helfen können außer meiner transformierten geistigen Einstellung. Meine Freunde werden mir nicht helfen können. Mein Besitz und mein Wohlstand werden mir nicht helfen können und noch nicht einmal mein eigener Körper, den ich als Leiche zurücklassen muss.
4. Wir befinden uns alle in genau derselben bedrohlichen Lage. Daher hat es keinen Sinn, sich zu streiten und zu kämpfen oder alle unsere geistigen und körperlichen Energien nur mit der Anhäufung von Geld und materiellen Gütern zu vergeuden.
5. Ich sollte mich jetzt spirituell üben, um meine Anhaftung an vorübergehende Launen zu verringern.

6. Aus der Tiefe meines Herzens sollte ich mich darum bemühen, jenseits dieses Leidenskreislaufes zu gelangen, der dadurch in Gang gesetzt wird, dass ich das Vergängliche fälschlicherweise als unvergänglich betrachte.

SUBTILE VERGÄNGLICHKEIT

Die Substanzen der uns umgebenden Dinge und Objekte lösen sich unentwegt von einem Moment zum anderen Moment in ihre Bestandteile auf. Ebenso löst sich unser Bewusstsein, mit dem wir diese äußeren Objekte wahrnehmen, von Augenblick zu Augenblick in seine Bestandteile auf. Das ist die Beschaffenheit von subtiler Vergänglichkeit. Teilchenphysiker nehmen die Erscheinung eines konkreten Gegenstandes wie zum Beispiel eines Tisches nicht einfach als gegeben hin, sondern untersuchen die Veränderungen in den kleineren und kleinsten Bestandteilen dieses Gegenstandes.

Gewöhnliches Glück ist wie der Tautropfen an der Spitze eines Grashalmes und verflüchtigt sich schnell. Dass dieser Tautropfen sich verflüchtigt, macht deutlich, dass er vergänglich ist und unter der Kontrolle von anderen Kräften, von Ursachen und Bedingungen, steht. Dass dieser Tautropfen sich auflöst, zeigt auch, dass es unmöglich ist, alles richtig zu machen. Ganz egal, was Sie innerhalb des Daseinskreislaufes tun, so können Sie die verschiedenen Bereiche des Leidens nicht überwinden. Indem Sie erkennen, dass die wahre Natur der Dinge Vergänglichkeit ist, werden Sie nicht schockiert sein, wenn Veränderungen stattfinden, noch nicht einmal dann, wenn Ihr Tod eintreten wird.

Meditative Kontemplation

Betrachten Sie:

1. Mein Geist, mein Körper, mein Besitz und mein Leben sind vergänglich, da sie alle von Ursachen und Bedingungen hervorgerufen werden.

2. Dieselben Ursachen, die meinen Geist, Körper, Besitz und mein Leben entstehen lassen, führen dazu, dass all dies sich auch wieder auflösen wird, von Augenblick zu Augenblick.
3. Die Tatsache, dass Vergänglichkeit die wahre Natur der Dinge ist, zeigt, dass all diese Dinge nicht aus eigener Kraft heraus existieren und dass sie unter äußerem Einfluss stehen und funktionieren.
4. Indem ich das, was sich von Augenblick zu Augenblick wieder auflöst, irrtümlicherweise als konstant und unvergänglich betrachte, füge ich mir selbst und anderen Schmerzen und Leiden zu.
5. Aus der Tiefe meines Herzens sollte ich mich darum bemühen, jenseits dieses Leidenskreislaufes zu gelangen, der dadurch verursacht wird, dass ich Vergängliches irrtümlicherweise als unvergänglich betrachte.

DIESE ERKENNTNIS AUF ANDERE AUSWEITEN

Die Auffassung, dass alles beständig ist, und die egoistische Sorge nur für uns selbst führen uns ins Verderben. Daher ist es am fruchtbarsten, auf die Vergänglichkeit und auf die Leerheit von inhärenter Existenz auf der einen Seite, und auf Liebe und Mitgefühl auf der anderen Seite zu meditieren. Aus diesem Grund hat Buddha gesagt, dass Weisheit und Mitgefühl die beiden Flügel des Vogels sind, der zur Erleuchtung fliegt.

Wenn wir von unserer eigenen Erfahrung ausgehen – das Vergängliche nicht als das zu erkennen, was es in Wirklichkeit ist – und diese auf andere übertragen, können wir ein Gespür dafür entwickeln, was es heißt, dass andere Lebewesen auch unzählige Leben in unterschiedlichster Form innerhalb des Daseinskreislaufes durchwandern, nur weil sie genau den gleichen Fehler machen wie wir selber. Betrachten Sie das unvorstellbare Leiden dieser Lebewesen und wie ähnlich sie Ihnen selbst sind, indem sie Glück erreichen und Leiden vermeiden wollen. Im Verlauf unzähliger Leben waren alle diese Lebewesen einmal Ihre engsten Freunde gewesen und haben Ihnen Güte und Freundlichkeit entgegengebracht und stehen Ihnen dadurch ganz nahe. Erkennen Sie, dass Sie eine Verantwortung dafür haben, dass diese Lebewesen Glück haben und frei vom Leiden sind, und entwickeln Sie auf diese Weise große Liebe und großes Mitgefühl.

Manchmal, wenn ich große Städte besuche und in einer der oberen Etagen eines Hotels wohne, blicke ich durch das Fenster meines Zimmers und betrachte den Verkehr, der da unten an mir vorbeizieht: Hunderte, ja Tausende von Autos, die hierhin fahren und dorthin. Dann reflektiere ich über die Tatsache, dass all diese Menschen denken: „Ich möchte glücklich sein", „Ich muss jetzt zur Arbeit fahren", „Ich muss Geld verdienen", „Ich muss jetzt dies und jenes erledigen". Obwohl all diese Menschen vergänglich sind, betrachten sie sich irrtümlicherweise als unvergänglich und immerwährend. Solche Gedanken beflügeln dann mein Mitgefühl.

Meditative Kontemplation

Vergegenwärtigen Sie sich eine enge, vertraute Freundin und betrachten Sie folgendes voller Gefühl:

1. Der Geist, Körper, Besitz und das Leben dieser Freundin sind vergänglich, da sie alle von Ursachen und Bedingungen hervorgerufen werden.
2. Dieselben Ursachen, die den Geist, Körper, Besitz und das Leben dieses Menschen entstehen lassen, führen dazu, dass all dies sich auch wieder auflösen, von Augenblick zu Augenblick.
3. Die Tatsache, dass Vergänglichkeit die wahre Natur der Dinge ist, zeigt, dass all diese Dinge nicht aus eigener Kraft heraus existieren und dass sie unter äußerem Einfluss stehen und funktionieren.
4. Indem diese meine Freundin das, was sich von Augenblick zu Augenblick wieder auflöst, irrtümlicherweise als konstant und unvergänglich betrachtet, fügt sie sich selbst und anderen Schmerzen und Leiden zu.

Entwickeln Sie nun drei Ebenen der Liebe:

1. Dieser Mensch möchte Glück, ist dessen jedoch beraubt, leidet Not und steht alleine da. Wie schön wäre es doch, wenn sie oder er vom Glück und allen Ursachen des Glücks erfüllt wäre!
2. Dieser Mensch möchte Glück, ist dessen jedoch beraubt, leidet Not und steht alleine da. Möge sie oder er vom Glück und allen Ursachen des Glücks erfüllt sein!
3. Dieser Mensch möchte Glück, ist dessen jedoch beraubt, leidet Not und steht alleine da. Ich werde alles mir Mögliche tun, um zu bewirken, dass er oder sie von Glück und allen Ursachen des Glücks erfüllt wird!

Entwickeln Sie nun drei Ebenen des Mitgefühls:

1. Dieser Mensch möchte Glück erlangen und Leiden vermeiden, wird aber von furchtbaren Schmerzen heimgesucht. Wenn doch dieser Mensch nur frei sein könnte vom Leiden und von den Ursachen des Leidens!
2. Dieser Mensch möchte Glück erlangen und Leiden vermeiden, wird aber von furchtbaren Schmerzen heimgesucht. Möge dieser Mensch frei sein vom Leiden und von den Ursachen des Leidens!
3. Dieser Mensch möchte Glück erlangen und Leiden vermeiden, wird aber von fruchtbaren Schmerzen heimgesucht. Ich werde diesem Menschen helfen, sich vom Leiden und von allen Ursachen des Leidens zu befreien!

Entwickeln Sie nun bedingungslose Hingabe:

1. Der Daseinskreislauf ist ein Prozess, der durch Unwissenheit am Laufen gehalten wird.
2. Daher ist es sinnvoll und realistisch, wenn ich daran arbeite, Erleuchtung zu erlangen und anderen helfe, dasselbe zu tun.
3. Selbst wenn ich es alleine tun müsste, werde ich alle Lebewesen vom Leiden und von den Ursachen des Leidens befreien und werde sie zu Glück und zu den Ursachen des Glücks führen.

Vergegenwärtigen Sie sich nacheinander einzelne Menschen, zuerst Freunde, dann neutrale Menschen und dann Feinde. Bei den Feinden sollten Sie mit denen beginnen, die Sie am wenigsten bedrohen. Wiederholen Sie diese Kontemplationen bei jedem einzelnen dieser Menschen. Es wird Monate und Jahre dauern, doch der Nutzen wird unermesslich sein.

DREIUNDZWANZIGSTES KAPITEL

Sich in höchste Liebe versenken

Es reicht nicht aus, dass die Lehre großartig ist.
Der Mensch muss eine großartige Einstellung haben.

Tibetisches Sprichwort

Nun wenden wir uns der tiefgründigsten Ebene von Liebe und Mitgefühl zu, die durch das Wissen über die Leerheit von inhärenter Existenz ermöglicht wird. Chandrakirti drückt das so aus:

> Ich erweise meine Ehrerbietung dem liebenden Mitgefühl, das die umherwandernden Lebewesen, obwohl sie als inhärent existent erscheinen, als leer von inhärenter Existenz betrachtet, wie die Widerspiegelung des Mondes auf dem Wasser.

Die Widerspiegelung des Mondes auf einer klaren und ruhigen Wasseroberfläche scheint in jeder Hinsicht der Mond zu sein, ist aber keineswegs der Mond, der sich in Wirklichkeit am Himmel befindet. Dieses Bild symbolisiert die Erscheinung des „Ich" und aller anderen Phänomene: Sie erscheinen so, als ob sie in und aus sich selbst bestünden. Obwohl sie aus eigener Kraft zu existieren erscheinen, sind sie in Wirklichkeit leer von solch einer Beschaffenheit. Wie jemand, der die Widerspiegelung des Mondes fälschlicherweise für den Mond hält, so betrachten wir die Erscheinung des „Ich" und aller anderen Phänomene fälschlicherweise als etwas, das aus eigener Kraft in und aus sich selbst heraus existiert.

Wir können dieses Bild verwenden, um Einsicht darin zu entwickeln, wie wir unnötigerweise in Leiden hineingezogen werden, indem wir irrtümlichen Erscheinungen unsere Zustimmung geben und so Begierde und Hass und allen daraus entstehenden Handlungen zum Opfer fallen. Dadurch häufen wir Karma an und werden immer wieder in einem Kreislauf des Leidens wiedergeboren. Diese Einsicht und Erkenntnis werden tiefgehende Liebe und weittragendes Mitgefühl in uns wachrufen, da wir deutlich sehen können, wie unnötig all diese Übel sind.

Hier betrachten wir die Lebewesen nicht nur als in einem sechsfachen Leidensprozess gefangen, wie der Eimer in einem Brunnen, und durchdrungen von Unbeständigkeit, wie die schimmernde Widerspiegelung auf dem Wasser. Sondern wir beobachten sie, wie sie der Unwissenheit unterworfen sind, indem sie den irrtümlichen Erscheinungen von inhärenter Existenz ihre Zustimmung geben. Mit dieser Einsicht und Erkenntnis frisch in Ihrem Geist werden in Ihnen große Liebe und großes Mitgefühl für alle Lebewesen entstehen. Sie werden sich ihnen nahe und verbunden fühlen, da sie alle, genau wie Sie selbst, Glück erlangen und Leiden vermeiden möchten und da sie im Verlauf unzähliger Leben alle schon einmal Ihre engsten Freunde gewesen sind und Sie mit Güte und Freundlichkeit unterstützt haben.

Um Zugang zu solch tiefer Liebe und weitem Mitgefühl zu bekommen, müssen wir zuerst verstehen, dass wir selbst und alle anderen Lebewesen leer von inhärenter Existenz sind. Lassen Sie uns daher die Schritte wiederholen, die uns die letztendliche Natur unseres „Ich" erkennen lassen.

Meditative Kontemplation

1. Kreisen Sie, wie Sie das schon zuvor getan haben, das Ziel Ihrer Untersuchung ein, nämlich die Erscheinung des „Ich", als ob es in und aus sich selbst heraus bestünde. Erinnern Sie sich an eine Situation, in der Sie felsenfest daran glaubten.
2. Nehmen Sie deutlich die Unwissenheit wahr, welche die Wirklichkeit mit einer Schicht von inhärenter Existenz überzieht und identifizieren Sie diese Unwissenheit.
3. Legen Sie besonderes Gewicht auf die Betrachtung folgender

Tatsache: Wenn es ein solches inhärent existentes „Ich" gäbe, dann müssten das „Ich" und das Geist-Körper-Gefüge entweder ein und dasselbe oder aber voneinander verschieden sein.
4. Betrachten Sie dann mit Nachdruck die Widersinnigkeit der Behauptung, dass das Selbst und das Geist-Körper-Gefüge entweder ein und dasselbe oder aber voneinander verschieden wären. Spüren Sie die Unmöglichkeit der folgenden zwei Behauptungen:

DIE BEHAUPTUNG DES EINSSEINS UNTERSUCHEN
- Das „Ich" und Geist und Körper müssten vollständig und in jeder Hinsicht ein und dasselbe sein.
- In diesem Falle wäre es sinnlos, von einem „Ich" zu sprechen.
- Es wäre unmöglich von „meinem Körper" oder „meinem Kopf" oder „meinem Geist" zu sprechen.
- Wenn Geist und Körper nicht mehr existieren, würde das Selbst auch nicht mehr existieren.
- Da Geist und Körper mehr als eins sind, müssten die „Ichs" einer Person auch mehrfach vorhanden sein.
- Da unser „Ich" nur eines ist, müssten unser Geist und Körper auch nur eines sein.
- Genauso wie der Geist und der Körper entstehen und wieder vergehen, würde das „Ich" inhärent entstehen und inhärent vergehen. In diesem Fall würden weder die angenehmen Auswirkungen von heilsamen Handlungen noch die schmerzhaften Auswirkungen von unheilsamen Handlungen in uns zur Reife gelangen, oder aber wir würden die Wirkungen von Handlungen erfahren, die wir selber gar nicht begangen haben.

DIE BEHAUPTUNG DES VERSCHIEDENSEINS UNTERSUCHEN
- Das „Ich" und der Geist und Körper müssten vollständig voneinander verschieden sein.
- In diesem Fall müsste das „Ich" auffindbar sein, nachdem wir Geist und Körper beiseite geräumt haben.

- Das „Ich" würde nicht die Eigenschaften des Entstehens, des Bestehens und des Zerfalls aufweisen, was absurd wäre.
- Das „Ich" müsste unsinnigerweise nur reine Einbildung sein oder aber unvergänglich.
- Das „Ich" würde unsinnigerweise keine geistigen oder physischen Eigenschaften besitzen.

5. Wenn Sie ein solches „Ich" nicht finden können, dann treffen Sie eine klare und feste Entscheidung: „Weder ich, noch irgendein anderer Mensch ist inhärent existent."
6. Fassen Sie den Entschluss: Aus der Tiefe meines Herzens möchte ich mich darum bemühen, aus diesem Kreislauf des Leidens herauszukommen, in den ich deswegen hineingeraten bin, weil ich das, was nicht inhärent existent ist, fälschlicherweise als inhärent existent ansehe.

DIES AUF ANDERE AUSWEITEN

Destruktive Geisteshaltungen und Emotionen sind unsere inneren Feinde, die Grundlage von allen Problemen. Wie werden diese destruktiven Geisteshaltungen hervorgerufen? Durch Begierde und Hass, deren Wurzel die Unwissenheit ist. Da diese destruktiven und leidbringenden Emotionen stets nur Schaden, niemals aber Nutzen bringen, müssen wir lernen, sie zu überwinden. Um dies zu tun, müssen wir uns mit ihrer Ursache auseinandersetzen.

Alle problematischen und leidbringenden Emotionen entstammen aus der einen grundlegenden destruktiven Emotion der Unwissenheit: Das ist ein unwissendes Bewusstsein, das zum einen nicht weiß, wie Personen und Dinge in Wirklichkeit existieren, und zum anderen aktiv die wahre Natur von Personen und Dingen falsch versteht. Wir sollten die destruktiven Emotionen als Feinde betrachten, sie zuerst identifizieren und uns dann in Techniken üben, um sie zu zerstören.

Von den leidbringenden Emotionen getrieben, führen wir Handlungen aus, die kontraproduktive Neigungen und Veranlagungen in unserem Geist hinterlassen. Unheilsame Handlungen führen zu einer Wiedergeburt in unglücklichen Leben, und heilsame Handlungen führen zu einer Wiedergeburt in glücklichen Leben. Doch sowohl heilsame als auch unheilsame Handlungen entstammen aus großer Unwissenheit. Indem wir die Wirklichkeit (das heißt die Leerheit von inhärenter Existenz) direkt erkennen und uns in der Meditation an sie gewöhnen, hören wir auf damit, Karma anzusammeln, das unser ständiges Wiedergeborenwerden im Daseinskreislauf antreibt. Unsere Wiedergeburt kommt somit unter unseren eigenen Einfluss, und wir können unsere Wiedergeburt steuern, so dass wir anderen besser und effektiver nutzen können.

Da der Daseinskreislauf im falschen Verständnis von inhärenter Existenz wurzelt, ist das Erkennen dieses Irrtums der einzige Weg aus dem Daseinskreislauf heraus. Obwohl es unzählige Faktoren gibt, die den Daseinskreislauf hervorbringen, so kann dieser Kreislauf nur dann gestoppt werden, wenn wir seine Wurzel, die Unwissenheit, durchtrennen. Denn diese Unwissenheit ist die Quelle aller anderen Ursachen für den Daseinskreislauf. Durch die meditativen Kontemplationen in diesem Buch haben Sie gelernt, Gegenmittel gegen diese Ursachen zu entwickeln, um dem Leiden und den Ursachen des Leidens ein Ende zu bereiten. Wenn Sie diesen Prozess verinnerlicht haben, dann wird Ihr Wunsch, Befreiung zu erlangen, weit mehr sein als nur bloße Worte.

Durch Ihre Übung werden auch Ihre Ziele umgewandelt; Sie entwickeln in der Tiefe Ihres Herzens den Wunsch, den Kreislauf des Leidens zu verlassen. An diesem Punkt angekommen, werden Sie zu einer oder einem spirituell Praktizierenden mit größeren Fähigkeiten. Der tibetische Gelehrten-Yogi Tsongkhapa sagt in seinem Grundlagentext *Die drei Hauptaspekte des Pfades zur Erleuchtung*, dass wir, an diesem Punkt angekommen, fest dazu entschlossen sind, Erleichterung herbeizuführen und uns Tag und Nacht darauf ausrichten, die Befreiung zu erlangen. In der Tiefe unseres Herzens haben wir entschieden, dass wir den Wert unseres kostbaren menschlichen Lebens nicht voll ausgeschöpft haben werden, wenn wir nicht die Befreiung aus dem gesamten Prozess des Daseinskreislaufes erlangen.

Ein Mensch zu sein, ist die bestmögliche Grundlage dafür, Befreiung aus dem Daseinskreislauf zu erlangen, indem wir die drei Übungen in Ethik, konzentrierter Meditation und Weisheit nutzen und praktizieren.

Die Übung in Ethik beinhaltet, dass wir allzu ungünstiges Verhalten unseres Körpers, unserer Rede und unseres Geistes einschränken. Subtilere Ebenen von schlechtem Verhalten werden durch die Übung der konzentrierten Meditation des ruhigen Verweilens eingedämmt. Die endgültige und beste Art und Weise, schlechtes Verhalten und schlechte Taten aufzugeben, liegt schließlich in der Übung der Weisheit, wo die Leerheit von inhärenter Existenz erkannt wird.

Als Erstes üben wir uns in Ethik. Denn solange wir unter dem Einfluss grober leidbringender Emotionen stehen, ist unser Verhalten des Körpers und der Rede hart und grob, was uns selbst als auch anderen Schaden zufügt. Durch Ethik können wir diese groben Handlungen unter Kontrolle halten, damit sie sich nicht manifestieren können. Die Übung in Ethik kann die leidbringenden Emotionen jedoch nicht auslöschen. Und nur wenn die leidbringenden Emotionen vollständig erloschen sind, können wir die Befreiung erlangen.

Das ist der Ablauf, dem wir uns unterziehen sollten, wenn wir einmal unsere missliche Lage innerhalb des Daseinskreislaufes verstanden haben:

1. Üben Sie sich zuerst darin, das ganze Ausmaß des Leidens in diesem Leben zu erkennen.
2. Entwickeln Sie dann einen Widerwillen gegen alle Formen dieses Kreislaufs des Leidens, von einem Leben zum nächsten, was auch als „Daseinskreislauf" bezeichnet wird. Üben Sie sich in Ethik, konzentrierter Meditation und Weisheit.
3. Indem Sie diese Übungen in vollem Umfang verwirklichen, können Sie einen Zustand der Befreiung aus dem Daseinskreislauf erlangen, in welchem alles Leiden vollständig ausgelöscht wurde.

Doch selbst wenn Sie auf diese Weise Befreiung erlangt haben, dann haben Sie Ihre eigenen Ziele immer noch nicht in vollem

Umfang erreicht. Sie müssen noch das Haupthindernis aus dem Weg räumen, das verhindert, dass Sie anderen in bestmöglicher Weise helfen können. Dieses Haupthindernis besteht aus Veranlagungen und Neigungen, die in Ihrem Geist von der Unwissenheit über die wahre Natur von Personen und Dingen zurückgelassen wurde. Die Unwissenheit haben Sie zwar überwunden, doch diese Veranlagungen und Neigungen schlummern immer noch in Ihrem Geist und verhindern, alles zu wissen, was gewusst werden kann.

Solange Sie sich in diesem Zustand befinden, können Sie beim Versuch, anderen zu helfen, nur wenig bewirken. Für Ihren Geist ist es unbestreitbar vorteilhaft und nützlich, die Befreiung aus dem Daseinskreislauf zu erlangen, doch bis jetzt orientiert sich Ihre Ausrichtung immer noch hauptsächlich am eigenen Wohlergehen. Doch auch im Hinblick auf Ihren eigenen Fortschritt ist der Prozess, Hindernisse auf dem Weg zu überwinden und hohe Bewusstseinszustände zu erreichen, noch nicht vollständig abgeschlossen. Sie befinden sich immer noch in einem Zustand solitären Friedens für sich alleine.

Es ist wichtig, dass Sie keine Neigung zu diesem solitären Frieden nur für sich ganz alleine entwickeln. Denn wenn Sie nur danach streben, lediglich um Ihres eigenen Wohlergehens willen Befreiung zu erlangen, verlängern Sie unnötigerweise den Prozess, der zum höchsten Ziel führt: das Erlangen der altruistischen Erleuchtung zum Wohle aller Lebewesen.

Indem Sie sich vor allem um sich selbst kümmern, hegen und pflegen Sie eine egoistische Haltung und Ich-Anhaftung. Wenn Sie sich später dann in großer Liebe und in großem Mitgefühl üben, wird es schwierig sein, diese zu überwinden. Daher ist es von grundlegender Bedeutung, gleich von Anfang an nicht die ganze Kraft Ihres Geistes lediglich in Ihren eigenen Vorteil und Nutzen zu investieren.

Wenn Sie die Leerheit verstehen, erkennen Sie, dass Sie sich aus Ihrer eigenen Gefangenschaft im Daseinskreislauf befreien können. Das kräftigt Ihre Entschlossenheit, diesen Daseinskreislauf zu verlassen. Wenn Sie verstehen, dass das Leiden der anderen Mitmenschen und aller Lebewesen ebenfalls durch die Unwissenheit hervorgerufen wird, erkennen Sie, dass sich alle anderen fühlenden Wesen auch aus dem Gefangensein im Leiden befreien können. Dadurch wird Ihre Entschlossenheit, den anderen zu helfen, bekräftigt. Auf diese Weise werden Liebe und Mitgefühl durch Selbsterkenntnis und Weisheit zu einem realistischen Ausdruck tiefen Wissens. So sagte Buddha: „Das Mitgefühl des Buddha für die Lebewesen entsteht durch folgende Betrachtung: ‚Obwohl alle Phänomene leer sind, klammern sich die Lebewesen an die Sichtweise von inhärenter Existenz.'"

Durch das Verständnis, dass die Lebewesen leer von inhärenter Existenz sind, entwickeln Sie noch tiefgründigere Liebe und noch größeres Mitgefühl, indem Sie das ganze Bild erfassen. Sie können dann ganzheitlich sehen, wie diese Lebewesen aus Unwissenheit sich selbst schaden, indem sie die wahre Natur von Personen und allen anderen Phänomenen nicht erkennen. Die Erkenntnis der Leerheit von inhärenter Existenz öffnet das Tor, um Liebe und Mitgefühl zu vergrößern.

Indem Sie die letztendliche Beschaffenheit von Menschen und Dingen verstehen, erinnern Sie sich an zahllose Lebewesen, die, genau wie Sie selbst, Glück erlangen und Leiden vermeiden möchten, und die im Verlauf von unzähligen Leben schon einmal Ihre engsten Freunde gewesen sind und Sie mit ihrer Liebe und Fürsorge unterstützt und am Leben erhalten haben. Aus diesem Gefühl der Verbundenheit und Vertrautheit mit allen Lebewesen, vereint mit dem Wissen, warum sie durch ihre Wiedergeburten im Daseinskreislauf leiden müssen, entwickeln Sie kraftvolle Fürsorge für ihr aller Wohlergehen.

Meditative Kontemplation

Vergegenwärtigen Sie sich einen engen Freund, denken Sie an den Prozess des selbstzerstörerischen Daseinskreislaufes und betrachten Sie folgendes:

1. Genau wie ich selbst ist dieser Mensch, mein Freund, verloren im Ozean des falschen Verständnisses eines „Ich" als inhärent

existent. Dieser Ozean des falschen Verständnisses wird genährt durch einen großen Fluss der Unwissenheit, die den Geist und Körper fälschlicherweise als inhärent existent betrachtet. Und er wird aufgewühlt durch die Winde der kontraproduktiven Gedanken und Handlungen.
2. Wie jemand, der die Widerspiegelung des Mondes auf dem Wasser fälschlicherweise für den Mond selbst hält, so glaubt dieser mein Freund irrtümlicherweise, dass die Erscheinung des „Ich" und aller anderen Phänomene aus eigener Kraft heraus bestehen.
3. Indem mein Freund diese falsche Erscheinung akzeptiert, ist er machtlos der Begierde und dem Hass ausgeliefert, häuft durch seine Handlungen Karma an und wird immer wieder im Leidenskreislauf wiedergeboren.
4. Durch diesen Prozess bringt dieser Mensch, mein Freund, sich selbst und anderen unnötigerweise Leid.

Entwickeln Sie nun drei Ebenen der Liebe:

1. Dieser Mensch möchte Glück, ist dessen jedoch beraubt, leidet Not und steht alleine da. Wie schön wäre es doch, wenn er oder sie vom Glück und allen Ursachen des Glücks erfüllt wäre!
2. Dieser Mensch möchte Glück, ist dessen jedoch beraubt, leidet Not und steht alleine da. Möge er oder sie vom Glück und allen Ursachen des Glücks erfüllt sein!
3. Dieser Mensch möchte Glück, ist dessen jedoch beraubt, leidet Not und steht alleine da. Ich werde alles mir Mögliche tun, um zu bewirken, dass er oder sie von Glück und allen Ursachen des Glücks erfüllt wird!

Entwickeln Sie nun drei Ebenen des Mitgefühls:

1. Dieser Mensch möchte Glück erlangen und Leiden vermeiden, wird aber von furchtbaren Schmerzen heimgesucht. Wenn doch dieser Mensch nur frei sein könnte vom Leiden und von den Ursachen des Leidens!

2. Dieser Mensch möchte Glück erlangen und Leiden vermeiden, wird aber von furchtbaren Schmerzen heimgesucht. Möge dieser Mensch frei sein vom Leiden und von den Ursachen des Leidens!
3. Dieser Mensch möchte Glück erlangen und Leiden vermeiden, wird aber von furchtbaren Schmerzen heimgesucht. Ich werde diesem Menschen helfen, sich vom Leiden und von allen Ursachen des Leidens zu befreien!

Entwickeln Sie nun bedingungslose Hingabe:

1. Der Daseinskreislauf ist ein Prozess, der durch Unwissenheit angetrieben wird.
2. Daher ist es sinnvoll und realistisch, wenn ich daran arbeite, Erleuchtung zu erlangen und anderen helfe, dasselbe zu tun.
3. Selbst wenn ich es alleine tun müsste, werde ich alle Lebewesen vom Leiden und von den Ursachen des Leidens befreien und werde sie zum Glück und zu den Ursachen des Glücks führen.

Vergegenwärtigen Sie sich nacheinander einzelne Menschen, zuerst Freunde, dann neutrale Menschen und dann Feinde. Bei den Feinden sollten Sie mit denen beginnen, die Sie am wenigsten bedrohen. Wiederholen Sie diese Kontemplationen bei jedem einzelnen dieser Menschen. Es wird Monate und Jahre dauern, doch der Nutzen dieser Praxis wird außerordentlich sein.

Die Wucht von großer Liebe und großem Mitgefühl

Seien Sie willens, sich mit der Haltung vertraut zu machen, die Last auf sich zu nehmen, alle Lebewesen vor allen Problemen zu beschützen. Entwickeln Sie diesen Wunsch immer wieder von neuem und unterstützen Sie diesen Wunsch durch regelmäßiges logisches Nachdenken. Ihre Empathie wird so groß werden, dass sie Ihr ganzes Wesen durchdringen und erfüllen wird. Ohne irgendeine Hoffnung auf Belohnung wird Ihr Ziel allein darin bestehen, anderen in ihrer Weiterentwicklung zu helfen. Und Sie werden in Ihrer Aufgabe niemals entmutigt werden.

ANHANG

Übersicht über die meditativen Kontemplationen

ERSTER TEIL
WARUM SELBSTERKENNTNIS UND WEISHEIT
NOTWENDIG SIND

1: Das Fundament legen, damit Selbsterkenntnis und Weisheit wachsen können

1. Alle kontraproduktiven Emotionen basieren auf der Unwissenheit über die wirkliche Natur von Lebewesen und Dingen und hängen von dieser Unwissenheit ab.
2. Es gibt gezielte Methoden, um Begierde und Hass vorübergehend zu unterdrücken. Doch wenn wir der Unwissenheit den Boden entziehen, die die wahre Natur von uns, den anderen und allen Phänomenen falsch begreift, dann werden gleichzeitig *alle* destruktiven Emotionen geschwächt.
3. Unwissenheit betrachtet Phänomene, die nicht in und aus sich selbst heraus existieren, so, als ob sie unabhängig von Gedanken existierten.

2: Die Wurzel aller Probleme erkennen

Betrachten Sie:

1. Erscheint die Attraktivität eines Objektes als integraler Bestandteil dieses Objekts?
2. Verschleiert die Attraktivität eines Objektes dessen Fehler und Nachteile?

3. Führt es zu Begierde, wenn Sie die angenehmen Aspekte eines Objektes überbetonen?
4. Führt es zu Hass und heftiger Ablehnung, wenn Sie die unangenehmen Aspekte eines Objektes überbetonen?
5. Nehmen Sie wahr wie Sie:
   - Ein Objekt zuerst nur wahrnehmen;
   - Dann unterscheiden, ob das Objekt gut oder schlecht ist;
   - Dann daraus schließen, dass das Objekt seine eigene unabhängige Existenzgrundlage hat;
   - Dann daraus schließen, das das Gute oder Schlechte des Objekts inhärent in ihm existieren;
   - Dann auf der Grundlage dieses Urteils entweder Begierde oder Hass entwickeln.

3: Warum es notwendig ist, die Wirklichkeit zu verstehen

Betrachten Sie:

1. Unwissenheit führt dazu, dass wir die Bedeutung von Schönheit, Hässlichkeit und anderen Qualitäten überbetonen.
2. Die Überbetonung dieser Qualitäten führt zu Begierde, Hass, Eifersucht, Aggressivität und so weiter.
3. Diese destruktiven Emotionen führen uns zu Handlungen, die von einem falschen Verständnis verunreinigt sind.
4. Diese Handlungen (Karma) führen zu unfreiwilliger Geburt und Wiedergeburt im Daseinskreislauf und zu wiederholten Verwicklungen in Schwierigkeiten.
5. Das Auflösen der Unwissenheit entzieht unseren Übertreibungen von guten und schlechten Eigenschaften den Boden. Dies wiederum unterhöhlt Begierde, Hass, Eifersucht, Aggressivität und so weiter, was wiederum den Handlungen, die durch falsches Verständnis verunreinigt sind, ein Ende bereitet, wodurch den unfreiwilligen Geburten und Wiedergeburten im Daseinskreislauf ein Ende bereitet wird.
6. Selbsterkenntnis und Weisheit sind der Weg, der zur Befreiung führt.

ZWEITER TEIL
WIE WIR DER UNWISSENHEIT DEN BODEN ENTZIEHEN KÖNNEN

4: Die Wucht davon spüren, dass Alles mit Allem in Beziehung steht

1. Vergegenwärtigen Sie sich ein vergängliches Phänomen wie zum Beispiel ein Haus.
2. Betrachten Sie, dass dieses Phänomen in Abhängigkeit von bestimmten Ursachen entsteht: Holz, Schreinern, Ziegeln, Dachdeckern und so weiter.
3. Überprüfen Sie, ob diese Abhängigkeit im Konflikt damit steht, dass das Phänomen als in und aus sich selbst heraus existent erscheint.

Sodann:

1. Vergegenwärtigen Sie sich ein vergängliches Phänomen wie zum Beispiel ein Buch.
2. Betrachten Sie, wie dieses Phänomen in Abhängigkeit von seinen Bestandteilen zustande kommt, den Buchstaben, den Seiten und dem Einband.
3. Überprüfen Sie, ob diese Abhängigkeit von den Einzelbestandteilen mit dem kollidiert, wie Ihnen dieses Buch erscheint, nämlich so, als ob es aus sich selbst heraus bestünde.

Sodann:

1. Betrachten Sie Ihr Bewusstsein, wie es eine blaue Vase wahrnimmt.
2. Überlegen Sie, wie dieses Bewusstsein in Abhängigkeit von seinen Einzelbestandteilen entsteht, nämlich den verschiedenen Augenblicken, die ein zeitliches Kontinuum bilden.
3. Überprüfen Sie, ob seine Abhängigkeit von den Einzelbestandteilen mit dem kollidiert, wie Ihnen dieses Bewusstsein erscheint, so als ob es in und aus sich selbst heraus bestünde.

Sodann:

1. Betrachten Sie den Raum im Allgemeinen.
2. Überlegen Sie, wie dieser Raum in Abhängigkeit von seinen Einzelbestandteilen (Norden, Süden, Osten, Westen) entsteht.
3. Überprüfen Sie, ob die Abhängigkeit des Raumes von seinen Einzelbestandteilen mit dem kollidiert, wie Ihnen dieser Raum erscheint, nämlich so, als ob er in und aus sich selbst heraus bestünde.

Ferner:

1. Betrachten Sie den Raum einer Tasse.
2. Überlegen Sie, wie dieser Raum in Abhängigkeit von seinen Bestandteilen – dem oberen Teil der Tasse und dem unteren Teil – entsteht.
3. Überprüfen Sie, ob die Abhängigkeit dieses Raumes von seinen Einzelbestandteilen mit dem kollidiert, wie Ihnen dieser Raum erscheint, nämlich so, als ob er aus eigener Kraft, als in und aus sich selbst heraus bestünde.

5: Die Argumentation des Entstehens in Abhängigkeit wertschätzen

Betrachten Sie:

1. Abhängig und unabhängig bilden ein Gegensatzpaar. Alles, was existiert, muss entweder der einen oder der anderen Kategorie angehören.
2. Wenn etwas abhängig ist, dann ist es leer davon, aus eigener Kraft heraus zu existieren.
3. Nirgendwo im Körper und im Geist, die die Grundlage für das „Ich" bilden, können wir dieses „Ich" finden. Daher ist das „Ich" nicht aus eigener Kraft erschaffen, sondern durch die Kraft anderer Bedingungen, nämlich seinen Ursachen, seinen Bestandteilen und dem begrifflichen Denken.

6: Die wechselseitige Abhängigkeit aller Phänomene wahrnehmen

Betrachten Sie:

1. Inhärente Existenz hat es nie gegeben, gibt es nicht und wird es niemals geben.
2. Wir nehmen jedoch fälschlicherweise an, dass es sie gibt und werden dadurch in leidbringende Gefühle hineingezogen.
3. Die Annahme, dass Phänomene wirklich existieren, ist ein Extrem der Übertreibung, ein Furcht einflößender Abgrund.
4. Die Annahme, dass vergängliche Phänomene keine Funktion erfüllen oder nicht als Ursache und Wirkung funktionieren können, ist eine extreme Form des Leugnens, ein anderer Furcht einflößender Abgrund.
5. Die Erkenntnis, dass alle Phänomene leer von inhärenter Existenz sind, da sie etwas in Abhängigkeit Entstandenes sind, vermeidet beide Extreme. Die Erkenntnis, dass Phänomene etwas in Abhängigkeit Entstandenes sind, vermeidet das Extrem des gefährlichen Leugnens. Die Erkenntnis, dass Phänomene leer von inhärenter Existenz sind, vermeidet das Extrem der gefährlichen Übertreibung.

7: Entstehen in wechselseitiger Abhängigkeit und Leerheit

Betrachten Sie:

1. Da alle Personen und Dinge etwas in Abhängigkeit Entstehendes sind, sind sie leer von inhärenter Existenz. Da sie von anderen Faktoren abhängig sind, bedingen sie sich nicht selbst.
2. Da alle Personen und Dinge leer von inhärenter Existenz sind, müssen sie etwas in Abhängigkeit Entstandenes sein. Wenn Phänomene aus eigener Kraft heraus bestünden, könnten sie nicht von anderen Faktoren abhängen: von Ursachen, von ihren eigenen Bestandteilen und vom Denken. Da Phänomene sich nicht selbst verursachen und begründen, können sie sich verändern.

3. Diese beiden Erkenntnisse sollten Hand in Hand arbeiten und sich gegenseitig unterstützen und fördern.

DRITTER TEIL
DIE KRAFT DER MEDITATION
UND SELBSTERKENNTNIS NUTZBAR MACHEN

8: Den Geist fokussieren

1. Betrachten Sie genau das Bildnis eines Buddha, einer anderen religiösen Gestalt oder eines anderen religiösen Symbols. Nehmen Sie dessen Form, Farbe und Einzelheiten genau wahr.
2. Arbeiten Sie daran, dieses Bildnis innerlich in Ihrem Bewusstsein erscheinen zu lassen. Stellen Sie sich dabei das Bildnis etwa einen bis zwei Meter vor Ihnen, auf der Höhe Ihrer Augenbrauen vor, und zwar in einer Größe von drei bis zehn Zentimetern, wobei kleiner besser ist. Das Objekt scheint hell.
3. Betrachten Sie die Gestalt als tatsächlich vorhanden, ausgestattet mit hervorragenden Eigenschaften von Körper, Rede und Geist.

9: Den Geist auf die Meditation einstimmen

1. Wählen Sie einen Meditationsgegenstand aus, und richten Sie Ihren Geist darauf.
2. Indem Sie Wachsamkeit anwenden, überprüfen Sie von Zeit zu Zeit, ob Ihr Geist beim Gegenstand verbleibt.
3. Wenn Sie bemerken, dass Ihr Geist abgeschweift ist, dann erinnern Sie sich an den Meditationsgegenstand und richten Sie Ihren Geist wieder darauf. Wiederholen Sie diesen Vorgang so oft wie nötig.

Sodann:

1. Als Gegenmittel gegen Schlaffheit und Dumpfheit, eine zu lockere Art, den Meditationsgegenstand wahrzunehmen:
   - Straffen Sie ein wenig die Art und Weise, in der Sie Ihren Geist auf dem Gegenstand der Meditation halten.
   - Falls das nicht funktioniert, dann lassen Sie den Meditationsgegenstand heller erscheinen, oder platzieren Sie ihn etwas höher vor sich, oder schenken Sie seinen genauen Details mehr Aufmerksamkeit.
   - Falls das nicht funktioniert, dann verlassen Sie Ihren Meditationsgegenstand und denken Sie für kurze Zeit an ein freudiges Thema wie zum Beispiel die wunderbaren Eigenschaften von Liebe und Mitgefühl, oder die hervorragenden Möglichkeiten, die ein menschliches Leben für die spirituelle Übung bietet.
   - Falls das nicht funktioniert, unterbrechen Sie die Meditation und gehen Sie an einen höher gelegenen Ort oder an eine Stelle, von der Sie einen weiten Ausblick haben.
2. Als Gegenmittel gegen Aufgeregtheit oder Agitation, eine zu angespannte Art, den Meditationsgegenstand wahrzunehmen:
   - Versuchen Sie zuerst, ein wenig die Art und Weise zu lockern, in der Sie sich den Meditationsgegenstand vorstellen.
   - Falls das nicht funktioniert, dann senken sie den Meditationsgegenstand ein wenig ab und stellen Sie sich vor, dass er schwerer ist.
   - Falls das nicht funktioniert, dann verlassen Sie Ihren Meditationsgegenstand und denken Sie für kurze Zeit an ein Thema, das Sie nüchterner macht, beispielsweise wie Unwissenheit die Leiden im Daseinskreislauf verursacht, oder dass der Tod möglicherweise nahe bevorsteht, oder die Nachteile des Betrachtungsgegenstandes, zu dem Sie abgeschweift sind, oder die Nachteile der Ablenkung an sich.

VIERTER TEIL
WIE WIR DIE SELBSTTÄUSCHUNG
BEENDEN KÖNNEN

10: Zuerst die Meditation über uns selbst

Betrachten Sie:

1. Die einzelne Person ist der Mittelpunkt aller Schwierigkeiten.
2. Daher ist es am besten, wenn Sie zuerst daran arbeiten, Ihre eigene wahre Natur zu verstehen.
3. Danach können Sie diese Erkenntnis auf Ihren Geist und Körper, Ihr Auto, Haus, Ihr Geld und alle anderen Phänomene anwenden.

11: Erkennen, dass wir nicht in und aus uns selbst heraus existieren

1. Stellen Sie sich vor, dass jemand mit dem Finger auf Sie zeigt und Sie für etwas kritisiert, das Sie gar nicht getan haben, und Sie beschuldigt: „*Sie* haben diesen Schaden angerichtet."
2. Beobachten Sie Ihre Reaktion. Wie erscheint Ihr „Ich" Ihrem Geist?
3. Wie nehmen Sie Ihr „Ich" wahr?
4. Beobachten Sie, wie das „Ich" so erscheint, als würde es von alleine bestehen, aus sich selbst heraus und durch sein eigenes Wesen bedingt.

Des Weiteren:

1. Erinnern Sie sich an eine Situation, in der Sie Ihres Geistes überdrüssig waren, als Sie zum Beispiel etwas Wichtiges vergessen haben.
2. Blicken Sie auf Ihre damaligen Gefühle zurück. Wie erschien Ihr „Ich" damals Ihrem Geist?

3. Wie nahmen Sie Ihr „Ich" wahr?
4. Beobachten Sie, wie dieses „Ich" so erscheint, als würde es von alleine bestehen, aus sich selbst heraus und durch sein eigenes Wesen bedingt.

Des Weiteren:

1. Erinnern Sie sich an eine Zeit, als Sie Ihren Körper ablehnten oder als Sie einen bestimmten Teils Ihres Körpers, wie zum Beispiel Ihr Haar, nicht gut fanden.
2. Schauen Sie sich Ihre Gefühle genau an. Wie erschien Ihr „Ich" damals Ihrem Geist?
3. Wie nahmen Sie Ihr „Ich" wahr?
4. Beobachten Sie, wie dieses „Ich" so erschien, als würde es von alleine bestehen, aus sich selbst heraus und durch sein eigenes Wesen bedingt.

Des Weiteren:

1. Erinnern Sie sich an eine Zeit, als Sie etwas Schlimmes getan haben und Sie dachten: „Da habe ich wirklich etwas Furchtbares angerichtet."
2. Betrachten Sie Ihre Gefühle. Wie erschien Ihr „Ich" damals Ihrem Geist?
3. Wie nahmen Sie Ihr „Ich" wahr?
4. Beobachten Sie, wie dieses „Ich" so erschien, als würde es von alleine bestehen, aus sich selbst heraus und durch sein eigenes Wesen bedingt.

Des Weiteren:

1. Erinnern Sie sich an eine Zeit, als Sie etwas Gutes oder Schönes getan haben und Sie sehr stolz darauf waren.
2. Untersuchen Sie Ihre Gefühle. Wie erschien Ihr „Ich" damals Ihrem Geist?
3. Wie nahmen Sie Ihr „Ich" wahr?
4. Beobachten Sie, wie dieses „Ich" so erschien, als würde es von

alleine bestehen, aus sich selbst heraus und durch sein eigenes Wesen bedingt.

Des Weiteren:

1. Erinnern Sie sich an eine Zeit, als Ihnen etwas Gutes oder Schönes widerfahren ist und Sie das sehr genossen haben.
2. Beobachten Sie Ihre Gefühle. Wie erschien Ihr „Ich" damals Ihrem Geist?
3. Wie nahmen Sie Ihr „Ich" wahr?
4. Beobachten Sie, wie dieses „Ich" so erschien, als würde es von alleine bestehen, aus sich selbst heraus und durch sein eigenes Wesen bedingt.

12 : Die Alternativen bestimmen

1. Untersuchen Sie, ob es für das „Ich", das innerhalb des Geist-Körper-Gefüges aus sich selbst heraus und inhärent besteht, eine andere Möglichkeit der Existenz gäbe als diese beiden: entweder Teil vom Geist und Körper zu sein oder aber verschieden davon.
2. Ziehen Sie andere Beispiele zur Betrachtung heran: eine Tasse und einen Tisch, oder ein Haus und einen Berg. Erkennen Sie, dass es außer diesen beiden Möglichkeiten der Existenz (entweder Teil von etwas oder aber verschieden davon zu sein) keine dritte Möglichkeit gibt. Sie müssen entweder dasselbe oder aber verschieden sein.
3. Kommen Sie zu dem Schluss, dass das „Ich", wenn es, so wie es uns gewöhnlich erscheint, inhärent existierte, entweder eins mit dem Geist und Körper und davon unteilbar oder aber verschieden vom Geist und Körper sein muss.

13 : Das Einssein untersuchen

Betrachten Sie die logischen Folgen, die es hätte, wenn das „Ich" in und aus sich selbst heraus bestünde (so wie es unserem Geist erscheint) und wenn es mit dem Geist und Körper eins wäre, also dasselbe wie unser Geist/Körper wäre:

1. Das „Ich" und der Geist/Körper müssten vollständig und in jeder Hinsicht „eins" sein.
2. In diesem Falle, wäre es sinnlos, von einem „Ich" zu sprechen.
3. Es wäre unmöglich, von „meinem Körper", „meinem Kopf" oder „meinem Geist" zu sprechen.
4. Wenn Geist und Körper nicht mehr existierten, würde das Selbst auch nicht mehr existieren.
5. Da Geist und Körper mehr als eins sind, müssten die „Ichs" einer Person auch mehr als eins, bzw. vielfach sein.
6. Da unser „Ich" nur eines ist, müssten unser Geist und Körper auch eins sein.
7. Genauso wie Geist und Körper entstehen und zerfallen, müsste man behaupten, dass das „Ich" inhärent entsteht und inhärent zerfällt. In diesem Fall würden weder die angenehmen Auswirkungen von heilsamen Handlungen noch die schmerzhaften Auswirkungen von unheilsamen Handlungen in uns zur Reife gelangen, oder aber wir würden die Wirkungen von Handlungen erfahren, die wir selber gar nicht begangen haben.

14 : Das Verschiedensein untersuchen

Betrachten Sie die Folgen, die es hätte, wenn das „Ich" in und aus sich selbst heraus bestünde (so wie es unserem Geist erscheint) und wenn es vom Geist und Körper inhärent verschieden wäre:

1. Das „Ich" und der Geist/Körper müssten vollständig voneinander verschieden sein.
2. In diesem Fall müsste das „Ich" auffindbar sein, nachdem Geist und Körper beiseite geräumt wurden.

3. Das „Ich" würde nicht die Eigenschaften des Entstehens, des Bestehens und des Zerfalls aufweisen, was absurd wäre.
4. Das „Ich" würde nur reine Einbildung sein oder aber unvergänglich, was beides widersinnig ist.
5. Das „Ich" würde widersinnigerweise keinerlei geistige oder physische Eigenschaften aufweisen.

15 : Zu einer Schlussfolgerung gelangen

Führen Sie wiederholt die vier Schritte zur Erkenntnis durch:

1. Kreisen Sie das Ziel Ihrer Untersuchung ein: Die Erscheinung des „Ich" als ob es in und aus sich selbst heraus begründet wäre.
2. Legen Sie fest, dass das „Ich", wenn es so existierte, wie es erscheint, entweder eins mit dem Geist und Körper oder aber davon verschieden sein müsste.
3. Betrachten Sie eingehend die Probleme, die auftauchen würden, wenn das „Ich" und das Geist-Körper-Gefüge ein und dasselbe wären:
   - Das „Ich" und der Geist/Körper müssten vollständig und in jeder Hinsicht eins sein.
   - In diesem Falle wäre es sinnlos, von einem „Ich" zu sprechen.
   - Es wäre unmöglich, von „meinem Körper" oder „meinem Kopf" oder „meinem Geist" zu sprechen.
   - Wenn Geist und Körper nicht mehr existieren, würde das Selbst auch nicht mehr existieren.
   - Da Geist und Körper mehr als eins sind, müssten die „Ichs" einer Person auch mehrfach vorhanden sein.
   - Da unser „Ich" nur eines ist, müssten unser Geist und Körper auch nur eines sein.
   - Genauso wie der Geist und der Körper entstehen und wieder vergehen, würde das „Ich" inhärent entstehen und inhärent vergehen. In diesem Fall würden weder die angenehmen Auswirkungen von heilsamen Handlungen noch die schmerzhaften Auswirkungen von unheilsamen Handlungen

in uns zur Reife gelangen, oder aber wir würden die Wirkungen von Handlungen erfahren, die wir selber gar nicht begangen haben.

4. Betrachten Sie eingehend die Probleme, die auftauchen würden, wenn das „Ich" und das Geist-Körper-Gefüge inhärent voneinander verschieden wären:
   - Das „Ich" und der Geist/Körper müssten vollständig voneinander verschieden sein.
   - In diesem Fall müsste das „Ich" auffindbar sein, nachdem Geist und Körper beiseite geräumt wurden.
   - Das „Ich" würde nicht die Eigenschaften des Entstehens, des Bestehens und des Vergehens aufweisen, was absurd wäre.
   - Das „Ich" würde nur eine reine Einbildung sein oder aber unvergänglich, was beides widersinnig ist.
   - Das „Ich" würde widersinnigerweise keinerlei geistige oder physische Eigenschaften aufweisen.

16 : Unsere Erkenntnis überprüfen

1. Gehen Sie nochmals die vier Schritte der logischen Untersuchung durch, wie sie im fünfzehnten Kapitel beschrieben sind.
2. Wenn das Gefühl, dass das „Ich" aus sich selbst heraus besteht, auseinander fällt und sich ins Leere auflöst, dann wechseln Sie in Ihrer Betrachtung zu einem Körperteil, wie zum Beispiel Ihrem Arm.
3. Beobachten Sie, ob sich Ihr Gefühl, dass Ihr Arm inhärent existiert, aufgrund Ihrer vorangegangenen Untersuchung sofort auflöst oder nicht.
4. Wenn Sie die vorangegangene Untersuchung nicht sofort auf Ihren Arm anwenden können, dann ist Ihr Verständnis noch immer auf der gröberen Ebene.

17 : Diese Einsicht ausweiten auf das, was wir besitzen

1. Innere Phänomene wie Ihr Geist oder Ihr Körper gehören Ihnen und sind daher „Ihres".
2. Äußere Phänomene wie Ihre Kleidung oder Ihr Auto sind ebenfalls „Ihres".
3. Wenn Ihr „Ich" nicht inhärent existiert, dann kann das, was „Ihres" ist, ebenso wenig inhärent existieren.

18 : Ruhiges Verweilen und besondere Einsicht in Balance bringen

Wechseln Sie vorübergehend zwischen ein wenig stabilisierender Meditation und ein wenig analytischer Meditation hin und her, damit Sie einen Geschmack an diesem Prozess entwickeln und damit Sie Ihre gegenwärtige Meditation stärken können:

1. Richten Sie zuerst Ihren Geist auf ein einzelnes Objekt, wie zum Beispiel ein Bildnis von Buddha oder auf Ihren Atem.
2. Wenden Sie die analytische Meditation an, wie sie in den vier Schritten der Meditation über die Natur des „Ich" beschrieben wurde (siehe Kapitel 15).
3. Wenn Sie so ein wenig Erkenntnis gewonnen haben, dann verweilen Sie mit dieser Erkenntnis in der stabilisierenden Meditation und nehmen Sie ihre Auswirkung wahr.
4. Wenn dieses Gefühl ein wenig schwächer wird, dann kehren Sie zu der analytischen Meditation zurück, bis sich das Gefühl wiedereinstellt, und entwickeln Sie tiefere Erkenntnis.

FÜNFTER TEIL
WIE MENSCHEN UND DINGE IN WIRKLICHKEIT
EXISTIEREN

19 : Sich selbst wie eine Täuschung wahrnehmen

1. Erinnern Sie sich an eine Situation, in der Sie das Abbild eines Menschen in einem Spiegel für den tatsächlichen Menschen hielten.
2. Das Spiegelbild dieses Menschen erschien als tatsächliche Person, war es in Wirklichkeit aber nicht.
3. Auf gleiche Weise erscheinen alle Personen und Dinge so, als ob sie aus sich selbst heraus existierten, ohne von Ursachen und Bedingungen, von ihren Einzelbestandteilen und von Gedanken abzuhängen, was aber nicht der Fall ist.
4. Auf diese Weise sind Personen und Dinge *wie* Täuschungen.

Sodann:

1. Kreisen Sie, wie Sie das schon zuvor getan haben, das Ziel Ihrer Untersuchung ein, nämlich die Erscheinung des „Ich", als ob es in und aus sich selbst heraus errichtet sei, und erinnern Sie sich an eine Situation, in der Sie felsenfest an die Existenz eines solchen „Ich" glaubten.
2. Nehmen Sie deutlich die Unwissenheit wahr, welche die Wirklichkeit mit einer Schicht von inhärenter Existenz überzieht und identifizieren Sie diese Unwissenheit.
3. Legen Sie besonderes Gewicht auf die Betrachtung folgender Tatsache: Wenn es ein solches inhärent existentes „Ich" gäbe, dann müssten das „Ich" und das Geist-Körper-Gefüge entweder ein und dasselbe oder aber voneinander verschieden sein.
4. Betrachten Sie dann mit Nachdruck die Widersinnigkeit der Behauptung, dass das Selbst und das Geist-Körper-Gefüge entweder ein und dasselbe oder aber voneinander verschieden wären. Spüren Sie die Unmöglichkeit der folgenden zwei Behauptungen:

DIE BEHAUPTUNG DES EINSSEINS UNTERSUCHEN
- Das „Ich" und der Geist/Körper müssten vollständig und in jeder Hinsicht ein und dasselbe sein.
- In diesem Falle wäre es sinnlos, von einem „Ich" zu sprechen.
- Es wäre unmöglich, von „meinem Körper" oder „meinem Kopf" oder „meinem Geist" zu sprechen.
- Wenn Geist und Körper nicht mehr existieren, würde das Selbst auch nicht mehr existieren.
- Da Geist und Körper mehr als eins sind, müssten die „Ichs" einer Person auch mehrfach vorhanden sein.
- Da unser „Ich" nur eines ist, müssten unser Geist und Körper auch nur eines sein.
- Genauso wie der Geist und der Körper entstehen und wieder vergehen, würde das „Ich" inhärent entstehen und inhärent vergehen. In diesem Fall würden weder die angenehmen Auswirkungen von heilsamen Handlungen noch die schmerzhaften Auswirkungen von unheilsamen Handlungen in uns zur Reife gelangen, oder aber wir würden die Wirkungen von Handlungen erfahren, die wir selber gar nicht begangen haben.

DIE BEHAUPTUNG DES VERSCHIEDENSEINS UNTERSUCHEN
- Das „Ich" und der Geist/Körper müssten vollständig voneinander verschieden sein.
- In diesem Fall müsste das „Ich" auffindbar sein, nachdem Geist und Körper beiseite geräumt wurden.
- Das „Ich" würde nicht die Eigenschaften des Entstehens, des Bestehens und des Zerfalls aufweisen, was absurd wäre.
- Das „Ich" müsste unsinnigerweise nur reine Einbildung sein oder aber unvergänglich.
- Das „Ich" würde unsinnigerweise keine geistigen oder physischen Eigenschaften aufweisen.

5. Wenn Sie ein solches „Ich" nicht finden können, dann treffen Sie eine klare und feste Entscheidung: „Weder ich, noch irgendein anderer Mensch ist inhärent existent."

6. Verweilen Sie einen Augenblick in dieser Wahrnehmung und nehmen Sie die Bedeutung der Leerheit in sich auf, indem Sie sich auf die Abwesenheit von inhärenter Existenz konzentrieren.
7. Lassen Sie dann wieder die Erscheinungen von Menschen in Ihrem Geist auftauchen.
8. Reflektieren Sie über die Tatsache, dass Menschen und Lebewesen innerhalb des Kontextes des Entstehens in wechselseitiger Abhängigkeit Handlungen ausführen und somit Karma ansammeln und die Wirkungen ihrer Handlungen erfahren.
9. Stellen Sie die Tatsache fest, dass das Erscheinen von Menschen und Lebewesen innerhalb der Abwesenheit von inhärenter Existenz möglich ist und Wirkungen herbeiführen kann.
10. Wenn Wirksamkeit und Leerheit einander zu widersprechen scheinen, ziehen Sie das Beispiel eines Spiegelbildes zu Hilfe:

- Das Spiegelbild eines Gesichtes kommt in Abhängigkeit von einem Spiegel und einem Gesicht unbestreitbar zustande, auch wenn es leer ist von den Augen, Ohren, der Nase usw., die es zu haben scheint. Das Spiegelbild eines Gesichtes verschwindet unbestreitbar, wenn Gesicht oder Spiegel fehlen.
- Auf ähnliche Weise stellt es keinen Widerspruch dar, dass ein Mensch Handlungen ausführt, Karma ansammelt, die Auswirkungen von Handlungen erlebt und in Abhängigkeit von Karma und destruktiven Emotionen wiedergeboren wird, obwohl dieser Mensch nicht einmal ein Staubkörnchen an inhärenter Existenz aufweist.

11. Versuchen Sie, dieses Fehlen eines Widerspruches zwischen Wirksamkeit und Leerheit in Bezug auf alle fühlenden Wesen und in Bezug auf alle Dinge wahrzunehmen.

20 : Wahrnehmen, wie alles auf Gedanken beruht

1. Gehen Sie zurück in eine Situation, in der Sie von Hass oder Begierde erfüllt waren.

2. Erscheint Ihnen der verhasste bzw. begehrte Mensch oder das verhasste bzw. begehrte Objekt nicht als sehr substanziell, gegenständlich und wirklich?
3. Da dies der Fall ist, können Sie unmöglich behaupten, dass Sie die Phänomene bereits als vom Denken abhängig betrachten.
4. Sie betrachten die Phänomene vielmehr so, als ob sie aus eigener Kraft heraus existierten.
5. Erinnern Sie sich daran, dass Sie immer wieder auf die Leerheit meditieren müssen, um dieser irrtümlichen Erscheinungsweise von Phänomenen entgegenzuwirken.

Betrachten Sie dann:

1. Das „Ich" besteht in Abhängigkeit von Geist und Körper.
2. Geist und Körper sind jedoch nicht das „Ich". Noch ist das „Ich" Geist und Körper.
3. Das „Ich" hängt daher von begrifflichem Denken ab und wird durch den Geist hervorgebracht.
4. Die Tatsache, dass das „Ich" von begrifflichem Denken abhängt, zeigt, dass das „Ich" nicht in und aus sich selbst heraus existiert.
5. Nehmen Sie wahr, dass Sie nun ein feineres Gespür dafür haben, was es bedeutet, wenn etwas in und aus sich selbst heraus existiert. Die Erkenntnis der Leerheit zielt darauf ab, genau diese inhärente Existenz zu widerlegen.

SECHSTER TEIL
LIEBE UND MITGEFÜHL MIT HILFE VON SELBSTERKENNTNIS UND WEISHEIT VERTIEFEN

21 : Empathie entwickeln

Wenden Sie die folgenden sechs Vergleichsmöglichkeiten auf sich selber an, um die Beschaffenheit des Leidens zu verstehen und um den starken Wunsch zu entwickeln, diesen Prozess zu überwinden:

1. Genauso wie ein Wassereimer in einem Brunnen an einem Seil festgebunden ist, so bin ich an leidbringenden Emotionen und an den aus ihnen motivierten Handlungen festgebunden.
2. Genauso wie die Bewegungen des Wassereimers im Brunnen nach oben und nach unten von jemandem ausgeführt werden, der dies bewirkt, so wird der Prozess meiner unzähligen Leben innerhalb des Daseinskreislaufes von meinem ungezähmten Geist am Laufen gehalten, genauer gesagt von der fälschlichen Annahme, dass mein „Ich" inhärent existiert und dass das, was „meins" ist, auch inhärent existiert.
3. Genauso wie der Wassereimer immer und immer wieder im Brunnen auf- und abwandert, so wandere ich ständig im großen Brunnen des Daseinskreislaufes auf und ab, von den höchsten Ebenen vorübergehenden Glücks bis zu den tiefsten Ebenen vorübergehenden Schmerzes.
4. Genauso wie es große Anstrengungen braucht, um den Wassereimer hochzuziehen, er sich aber mühelos nach unten bewegt, so muss ich große Anstrengungen unternehmen, um mich in ein glücklicheres Leben hochzuziehen, wandere aber mit Leichtigkeit und mühelos in schmerzvolle Situationen hinunter.
5. Genauso wie ein Wassereimer nicht selbst über seine Bewegungen bestimmt, so sind die Faktoren, die mein Leben formen, das Ergebnis von vergangener Unwissenheit, Anhaftung und Ergreifen bzw. Handlung. In der Gegenwart schaffen dieselben Faktoren ständig neue Probleme für meine zukünftigen Leben, wie Wellen im Ozean.
6. Genauso wie der Wassereimer bei seinen Auf- und Abwärtsbewegungen gegen die Wand des Brunnens schlägt und dadurch zerbeult wird, so werde auch ich tagein tagaus in Mitleidenschaft gezogen durch das Leiden des Schmerzes, das Leiden der Veränderung und durch Abläufe, auf die ich keinen Einfluss habe.
7. Daher sollte ich aus der Tiefe meines Herzens den Wunsch entwickeln, mich aus diesem Kreislauf des Leidens zu befreien.

Sodann:

Vergegenwärtigen Sie sich eine Freundin und denken Sie mit Nachdruck:

1. Genauso wie ein Wassereimer in einem Brunnen an einem Seil festgebunden ist, so ist dieser Mensch an leidbringenden Emotionen und an den aus ihnen motivierten Handlungen festgebunden.
2. Genauso wie die Bewegungen des Wassereimers im Brunnen nach oben und nach unten von jemandem ausgeführt werden, der dies bewirkt, so wird der Prozess der unzähligen Leben meines Freundes innerhalb des Daseinskreislaufes von seinem ungezähmten Geist am Laufen gehalten, genauer gesagt von der fälschlichen Annahme, dass sein „Ich" inhärent existiert und dass das, was „seins" ist, auch inhärent existiert.
3. Genauso wie der Wassereimer immer und immer wieder im Brunnen auf- und abwandert, so wandert meine Freundin ständig im großen Brunnen des Daseinskreislaufes auf und ab, von den höchsten Ebenen vorübergehenden Glücks bis zu den tiefsten Ebenen vorübergehenden Schmerzes.
4. Genauso wie es große Anstrengungen braucht, um den Wassereimer hochzuziehen, er sich aber mühelos nach unten bewegt, so muss meine Freundin auch große Anstrengungen unternehmen, um sich in ein glücklicheres Leben hochzuziehen, wandert aber mit Leichtigkeit und mühelos in schmerzvolle Situationen hinunter.
5. Genauso wie ein Wassereimer nicht selbst über seine Bewegungen bestimmt, so sind die Faktoren, die das Leben meines Freundes formen, das Ergebnis von vergangener Unwissenheit, Anhaftung und Ergreifen bzw. Handlung. In der Gegenwart schaffen dieselben Faktoren ständig neue Probleme für seine zukünftigen Leben, wie Wellen im Ozean.
6. Genauso wie der Wassereimer bei seinen Auf- und Abwärtsbewegungen gegen die Wand des Brunnens schlägt und dadurch zerbeult wird, so wird auch meine Freundin tagein tagaus in Mitleidenschaft gezogen durch das Leiden des Schmerzes, das

Leiden der Veränderung und durch Abläufe, über die sie keinen Einfluss hat.

Entwickeln Sie nun drei Ebenen der Liebe:

1. Dieser Mensch möchte Glück, ist dessen jedoch beraubt, leidet Not und steht alleine da. Wie schön wäre es doch, wenn sie oder er vom Glück und allen Ursachen des Glücks erfüllt wäre!
2. Dieser Mensch möchte Glück, ist dessen jedoch beraubt, leidet Not und steht alleine da. Möge sie oder er vom Glück und allen Ursachen des Glücks erfüllt sein!
3. Dieser Mensch möchte Glück, ist dessen jedoch beraubt, leidet Not und steht alleine da. Ich werde alles mir Mögliche tun, um zu bewirken, dass er oder sie von Glück und allen Ursachen des Glücks erfüllt wird.

Entwickeln Sie nun drei Ebenen des Mitgefühls:

1. Dieser Mensch möchte Glück erlangen und Leiden vermeiden, wird aber von furchtbaren Schmerzen heimgesucht. Wenn doch dieser Mensch nur frei sein könnte vom Leiden und von den Ursachen des Leidens!
2. Dieser Mensch möchte Glück erlangen und Leiden vermeiden, wird aber von furchtbaren Schmerzen heimgesucht. Möge dieser Mensch frei sein vom Leiden und von den Ursachen des Leidens!
3. Dieser Mensch möchte Glück erlangen und Leiden vermeiden, wird aber von furchtbaren Schmerzen heimgesucht. Ich werde diesem Menschen helfen, sich vom Leiden und von allen Ursachen des Leidens zu befreien!

Entwickeln Sie nun bedingungslose Hingabe:

1. Der Daseinskreislauf ist ein Prozess, der durch die Unwissenheit am Laufen gehalten wird.
2. Daher ist es sinnvoll und realistisch, wenn ich daran arbeite, die Erleuchtung zu erlangen, um anderen zu helfen, dasselbe zu tun.

3. Selbst wenn ich es alleine tun müsste, werde ich alle fühlenden Wesen vom Leiden und von den Ursachen des Leidens befreien und werde alle fühlenden Wesen zum Glück und zu den Ursachen des Glücks führen.

Vergegenwärtigen Sie sich nacheinander einzelne Menschen, zuerst Freunde, dann neutrale Menschen und dann Feinde. Bei den Feinden sollten Sie mit denen beginnen, die Sie am wenigsten bedrohen. Wiederholen Sie diese Kontemplationen bei jedem einzelnen dieser Menschen.

22 : Über die Vergänglichkeit nachdenken

Nehmen Sie sich folgendes zu Herzen:

1. Es ist sicher, dass ich sterben werde. Es gibt keine Möglichkeit für mich, dem Tod auszuweichen. Meine Lebenszeit läuft ab und kann nicht verlängert werden.
2. Der Zeitpunkt, wann ich sterben werde, ist ungewiss. Alle Menschen haben unterschiedliche Lebenslängen. Es gibt unzählige Todesursachen. Die Ursachen dafür, am Leben zu sein, sind dagegen vergleichsweise gering. Dieser menschliche Körper ist äußerst zerbrechlich.
3. Wenn ich sterbe, wird mir nichts helfen können außer meiner transformierten geistigen Einstellung. Meine Freunde werden mir nicht helfen können. Mein Besitz und mein Wohlstand werden mir nicht helfen können und noch nicht einmal mein eigener Körper, den ich als Leiche zurücklassen muss.
4. Wir befinden uns alle in genau derselben bedrohlichen Lage. Daher hat es keinen Sinn, sich zu streiten und zu kämpfen oder alle unsere geistigen und körperlichen Energien nur mit der Anhäufung von Geld und materiellen Gütern zu vergeuden.
5. Ich sollte mich jetzt spirituell üben, um meine Anhaftung an vorübergehende Launen zu verringern.
6. Aus der Tiefe meines Herzens sollte ich mich darum bemühen,

jenseits dieses Leidenskreislaufes zu gelangen, der dadurch in Gang gesetzt wird, dass ich das Vergängliche fälschlicherweise als unvergänglich betrachte.

Betrachten Sie sodann:

1. Mein Geist, mein Körper, mein Besitz und mein Leben sind vergänglich, da sie alle von Ursachen und Bedingungen hervorgerufen werden.
2. Dieselben Ursachen, die meinen Geist, Körper, Besitz und mein Leben entstehen lassen, führen dazu, dass all dies sich auch wieder auflösen wird, von Augenblick zu Augenblick.
3. Die Tatsache, dass Vergänglichkeit die wahre Natur der Dinge ist, zeigt, dass all diese Dinge nicht aus eigener Kraft heraus existieren und dass sie unter äußerem Einfluss stehen und funktionieren.
4. Indem ich das, was sich von Augenblick zu Augenblick wieder auflöst, irrtümlicherweise als konstant und unvergänglich betrachte, füge ich mir selbst und anderen Schmerzen und Leiden zu.
5. Aus der Tiefe meines Herzens sollte ich mich darum bemühen, jenseits dieses Leidenskreislaufes zu gelangen, der dadurch verursacht wird, dass ich Vergängliches irrtümlicherweise für unvergänglich halte.

Sodann:

Vergegenwärtigen Sie sich eine enge, vertraute Freundin und betrachten Sie folgendes voller Gefühl:

1. Der Geist, Körper, Besitz und das Leben dieser Freundin sind vergänglich, da sie alle von Ursachen und Bedingungen hervorgerufen werden.
2. Dieselben Ursachen, die den Geist, Körper, Besitz und das Leben dieses Menschen entstehen lassen, führen dazu, dass all dies sich auch wieder auflösen kann, von Augenblick zu Augenblick.

3. Die Tatsache, dass Vergänglichkeit die wahre Natur der Dinge ist, zeigt, dass all diese Dinge nicht aus eigener Kraft heraus existieren und dass sie unter äußerem Einfluss stehen und funktionieren.
4. Indem diese meine Freundin das, was sich von Augenblick zu Augenblick wieder auflöst, irrtümlicherweise als konstant und unvergänglich betrachtet, fügt sie sich selbst und anderen Schmerzen und Leiden zu.

Entwickeln Sie nun drei Ebenen der Liebe:

1. Dieser Mensch möchte Glück, ist dessen jedoch beraubt, leidet Not und steht alleine da. Wie schön wäre es doch, wenn sie oder er vom Glück und allen Ursachen des Glücks erfüllt wäre!
2. Dieser Mensch möchte Glück, ist dessen jedoch beraubt, leidet Not und steht alleine da. Möge sie oder er vom Glück und allen Ursachen des Glücks erfüllt sein!
3. Dieser Mensch möchte Glück, ist dessen jedoch beraubt, leidet Not und steht alleine da. Ich werde alles mir Mögliche tun, um zu bewirken, dass er oder sie von Glück und allen Ursachen des Glücks erfüllt wird!

Entwickeln Sie nun drei Ebenen des Mitgefühls:

1. Dieser Mensch möchte Glück erlangen und Leiden vermeiden, wird aber von furchtbaren Schmerzen heimgesucht. Wenn doch dieser Mensch nur frei sein könnte vom Leiden und von den Ursachen des Leidens!
2. Dieser Mensch möchte Glück erlangen und Leiden vermeiden, wird aber von furchtbaren Schmerzen heimgesucht. Möge dieser Mensch frei sein vom Leiden und von den Ursachen des Leidens!
3. Dieser Mensch möchte Glück erlangen und Leiden vermeiden, wird aber von furchtbaren Schmerzen heimgesucht. Ich werde diesem Menschen helfen, sich vom Leiden und von allen Ursachen des Leidens zu befreien!

Entwickeln Sie nun bedingungslose Hingabe:

1. Der Daseinskreislauf ist ein Prozess, der durch Unwissenheit am Laufen gehalten wird.
2. Daher ist es sinnvoll und realistisch, wenn ich daran arbeite, Erleuchtung zu erlangen und anderen helfe, dasselbe zu tun.
3. Selbst wenn ich es alleine tun müsste, werde ich alle Lebewesen vom Leiden und von den Ursachen des Leidens befreien und werde sie zu Glück und zu den Ursachen des Glücks führen.

Vergegenwärtigen Sie sich nacheinander einzelne Menschen, zuerst Freunde, dann neutrale Menschen und dann Feinde. Bei den Feinden sollten Sie mit denen beginnen, die Sie am wenigsten bedrohen. Wiederholen Sie diese Kontemplationen bei jedem einzelnen dieser Menschen.

23 : Sich in höchste Liebe versenken

1. Kreisen Sie, wie Sie das schon zuvor getan haben, das Ziel Ihrer Untersuchung ein, nämlich die Erscheinung des „Ich", als ob es in und aus sich selbst heraus bestünde. Erinnern Sie sich an eine Situation, in der Sie felsenfest daran glaubten.
2. Nehmen Sie deutlich die Unwissenheit wahr, welche die Wirklichkeit mit einer Schicht von inhärenter Existenz überzieht und identifizieren Sie diese Unwissenheit.
3. Legen Sie besonderes Gewicht auf die Betrachtung folgender Tatsache: Wenn es ein solches inhärent existentes „Ich" gäbe, dann müssten das „Ich" und das Geist-Körper-Gefüge entweder ein und dasselbe oder aber voneinander verschieden sein.
4. Betrachten Sie dann mit Nachdruck die Widersinnigkeit der Behauptung, dass das Selbst und das Geist-Körper-Gefüge entweder ein und dasselbe oder aber voneinander verschieden wären. Spüren Sie die Unmöglichkeit der folgenden zwei Behauptungen:

DIE BEHAUPTUNG DES EINSSEINS UNTERSUCHEN
- Das „Ich" und Geist und Körper müssten vollständig und in jeder Hinsicht ein und dasselbe sein.
- In diesem Falle wäre es sinnlos, von einem „Ich" zu sprechen.
- Es wäre unmöglich, von „meinem Körper" oder „meinem Kopf" oder „meinem Geist" zu sprechen.
- Wenn Geist und Körper nicht mehr existieren, würde das Selbst auch nicht mehr existieren.
- Da Geist und Körper mehr als eins sind, müssten die „Ichs" einer Person auch mehrfach vorhanden sein.
- Da unser „Ich" nur eines ist, müssten unser Geist und Körper auch nur eines sein.
- Genauso wie der Geist und der Körper entstehen und wieder vergehen, würde das „Ich" inhärent entstehen und inhärent vergehen. In diesem Fall würden weder die angenehmen Auswirkungen von heilsamen Handlungen noch die schmerzhaften Auswirkungen von unheilsamen Handlungen in uns zur Reife gelangen, oder aber wir würden die Wirkungen von Handlungen erfahren, die wir selber gar nicht begangen haben.

DIE BEHAUPTUNG DES VERSCHIEDENSEINS UNTERSUCHEN
- Das „Ich" und der Geist und Körper müssten vollständig voneinander verschieden sein.
- In diesem Fall müsste das „Ich" auffindbar sein, nachdem wir Geist und Körper beiseite geräumt haben.
- Das „Ich" würde nicht die Eigenschaften des Entstehens, des Bestehens und des Zerfalls aufweisen, was absurd wäre.
- Das „Ich" müsste unsinnigerweise nur reine Einbildung sein oder aber unvergänglich.
- Das „Ich" würde unsinnigerweise keine geistigen oder physischen Eigenschaften besitzen.

5. Wenn Sie ein solches „Ich" nicht finden können, dann treffen Sie eine klare und feste Entscheidung: „Weder ich, noch irgendein anderer Mensch ist inhärent existent."

6. Fassen Sie den Entschluss: Aus der Tiefe meines Herzens möchte ich mich darum bemühen, aus diesem Kreislauf des Leidens herauszukommen, in den ich deswegen hineingeraten bin, weil ich das, was nicht inhärent existent ist, fälschlicherweise als inhärent existent ansehe.

Sodann:

Vergegenwärtigen Sie sich einen engen, vertrauten Freund, denken Sie an den Prozess des selbstzerstörerischen Daseinskreislaufes und betrachten Sie folgendes:

1. Genau wie ich selbst ist dieser Mensch, mein Freund, verloren im Ozean des falschen Verständnisses eines „Ich" als inhärent existent. Dieser Ozean des falschen Verständnisses wird genährt durch einen großen Fluss der Unwissenheit, die den Geist und Körper fälschlicherweise als inhärent existent betrachtet. Und er wird aufgewühlt durch die Winde der kontraproduktiven Gedanken und Handlungen.
2. Wie jemand, der die Widerspiegelung des Mondes auf dem Wasser fälschlicherweise für den Mond selbst hält, so glaubt dieser mein Freund irrtümlicherweise, dass die Erscheinung des „Ich" und aller anderen Phänomene aus eigener Kraft heraus bestehen.
3. Indem mein Freund diese falsche Erscheinung akzeptiert, ist er machtlos der Begierde und dem Hass ausgeliefert, häuft durch seine Handlungen Karma an und wird immer wieder im Leidenskreislauf wiedergeboren.
4. Durch diesen Prozess bringt dieser Mensch, mein Freund, sich selbst und anderen unnötigerweise Leid.

Entwickeln Sie nun drei Ebenen der Liebe:

1. Dieser Mensch möchte Glück, ist dessen jedoch beraubt, leidet Not und steht alleine da. Wie schön wäre es doch, wenn er oder sie vom Glück und allen Ursachen des Glücks erfüllt wäre!
2. Dieser Mensch möchte Glück, ist dessen jedoch beraubt, lei-

det Not und steht alleine da. Möge er oder sie vom Glück und allen Ursachen des Glücks erfüllt sein!
3. Dieser Mensch möchte Glück, ist dessen jedoch beraubt, leidet Not und steht alleine da. Ich werde alles mir Mögliche tun, um zu bewirken, dass er oder sie von Glück und allen Ursachen des Glücks erfüllt wird!

Entwickeln Sie nun drei Ebenen des Mitgefühls:

1. Dieser Mensch möchte Glück erlangen und Leiden vermeiden, wird aber von furchtbaren Schmerzen heimgesucht. Wenn doch dieser Mensch nur frei sein könnte vom Leiden und von den Ursachen des Leidens!
2. Dieser Mensch möchte Glück erlangen und Leiden vermeiden, wird aber von furchtbaren Schmerzen heimgesucht. Möge dieser Mensch frei sein vom Leiden und von den Ursachen des Leidens!
3. Dieser Mensch möchte Glück erlangen und Leiden vermeiden, wird aber von furchtbaren Schmerzen heimgesucht. Ich werde diesem Menschen helfen, sich vom Leiden und von allen Ursachen des Leidens zu befreien!

Entwickeln Sie nun bedingungslose Hingabe:

1. Der Daseinskreislauf ist ein Prozess, der durch Unwissenheit angetrieben wird.
2. Daher ist es sinnvoll und realistisch, wenn ich daran arbeite, Erleuchtung zu erlangen und anderen helfe, dasselbe zu tun.
3. Selbst wenn ich es alleine tun müsste, werde ich alle Lebewesen vom Leiden und von den Ursachen des Leidens befreien und werde sie zum Glück und zu den Ursachen des Glücks führen.

Vergegenwärtigen Sie sich nacheinander einzelne Menschen, zuerst Freunde, dann neutrale Menschen und dann Feinde. Bei den Feinden sollten Sie mit denen beginnen, die Sie am wenigsten bedrohen. Wiederholen Sie diese Kontemplationen bei jedem einzelnen dieser Menschen.

AUSGEWÄHLTE BIBLIOGRAPHIE

Das *Bodhicaryavatara* von Shantideva liegt in folgenden deutschen Neuübersetzungen vor:
Die Lebensführung im Geiste der Erleuchtung, übersetzt von Jobst Koss, Berlin 2004
Anleitungen auf dem Weg zur Glückseligkeit, übersetzt von Diego Hangartner, Frankfurt am Main 2005

Tenzin Gyatso, XIV. Dalai Lama: *Der Weg zum Glück. Sinn im Leben finden*, hrsg. von Jeffrey Hopkins. Freiburg im Breisgau 2002.

Tenzin Gyatso, XIV. Dalai Lama: *Der Weg zum sinnvollen Leben. Das Buch vom Leben und Sterben*, hrsg. von Jeffrey Hopkins. Freiburg im Breisgau 2003.

Tenzin Gyatso, XIV. Dalai Lama: *Einführung in den Buddhismus. Die Harvard-Vorlesungen*. Freiburg im Breisgau 1993.

Tenzin Gyatso, XIV. Dalai Lama: *Gesang der inneren Erfahrung*. Hamburg 1998.

Tenzin Gyatso, XIV. Dalai Lama / Francisco J. Varela: *Traum, Schlaf und Tod. Grenzbereiche des Bewusstseins*. München 1997.

Tenzin Gyatso, XIV. Dalai Lama: *Yoga des Geistes*. Hamburg 1989.

Jeffrey Hopkins: *Mitgefühl und Liebe. Meditationstechniken und buddhistische Sichtweise*. München 2002.

Tsonkhapa: *The Great Treatise on the Stages of the Path to Enlightenment*, hrsg. u. übers. von Joshua W. C. Cutler und Guy Newland, Bände 1–3. Ithaca, New York 2000-2004.

Kensur Lekden: *Meditations of a Tibetan Tantric Abbot*, hrsg. u. übers. von Jeffrey Hopkins, Ithaca, New York 2001.

Geshe Sonam Rinchen und Ruth Sonam: *Yogic Deeds of Bodhisattvas*. Ithaca, New York 1994.

Happiness at work

Dalai Lama /
Howard C. Cutler
**Glücksregeln
für den Alltag**

Happiness at work

224 Seiten, gebunden
mit Schutzumschlag

ISBN 978-3-451-28342-0

Sinn der Arbeit liegt nicht nur im äußeren Erfolg. Wir können die schönen Dinge genießen, ohne der Gier zu verfallen. Glück im Alltag – das findet nicht nur in der Freizeit statt. Praktische Hinweise und Erfahrungen des großen Weisheitslehrers zu ganz konkreten Fragen heutiger Lebensgestaltung: Regeln für das Glück im Alltag.

HERDER

Quelle des Glücks

Dalai Lama /
Jeffrey Hopkins (Hg.)

**Die Liebe –
Quelle des Glücks**

192 Seiten, gebunden
mit Schutzumschlag
ISBN 978-3-451-28840-1

„Liebe ist das Herz einer jeden Religion. Daher beschreibe ich in diesem Buch Übungen in der Liebe, wie ich sie persönlich anwende. Nach meiner Erfahrung bringen diese Übungen in der Liebe geistige und innere Ruhe für mich selbst als auch Nutzen für andere hervor."
S.H. Dalai Lama

„Wenn wir der Welt mit Liebe begegnen, sind wir nicht nur selber glücklich. Die Welt wird eine andere sein."
S.H. Dalai Lama

HERDER

Lebenskunst

Dalai Lama /
Jeffrey Hopkins (Hg.)
Der Weg zum Glück
Sinn im Leben finden
160 Seiten, gebunden
mit Schutzumschlag
ISBN 978-3-451-27637-8

Was ist wirklich wesentlich? Kann man das, was ein gutes Leben ausmacht, auch einüben – wenn der Alltag stresst, Unsicherheiten unser Leben bestimmen? Der Dalai Lama ist überzeugt: Wir können etwas tun zu unserem Glück. Gelassenheit und Seelenruhe sind jedem möglich. Das kleine Handbuch für jeden, der gut und gelassen leben will. Ethisch handeln, meditativ leben, Weisheit üben: Der Weg zum wahren Glück. Ein Basiswerk der Lebenskunst.

HERDER

Dalai Lama inspiriert

Einführung in den Buddhismus
Die Harvard-Vorlesungen
Taschenbuch, Band 4946
ISBN 978-3-451-04946-0

Glücksregeln für den Alltag
Hg. Howard C. Cutler
Taschenbuch, Band 5843
ISBN 978-3-451-05843-1

**Das kleine Buch
vom rechten Leben**
Hg. von Dirk Kron
Taschenbuch, Band 4949
ISBN 978-3-451-04949-1

Kleines Buch der Weisheit
Hg. Von Matthew E. Bunson
Taschenbuch, Band 5396
ISBN 978-3-451-05396-2

**Mit dem Dalai Lama
den Tag beschließen**
Hg. von Karin Lichtenauer
Taschenbuch, Band 5706
ISBN 978-3-451-05706-9

So einfach ist das Glück
Hg. von Karin Lichtenauer
Taschenbuch, Band 7031
ISBN 978-3-451-07031-0

Tag für Tag zur Mitte finden
Lesebuch durch das Jahr
Hg. von Renuka Singh
Taschenbuch, Band 5649
ISBN 978-3-451-05649-9

Vision des Herzens
Güte verändert die Welt
Hg. von Piero Verni
Taschenbuch, Band 5650
ISBN 978-3-451-05650-5

**Der Weg zum
sinnvollen Leben**
Das Buch vom Leben
und Sterben
Hg. von Jeffrey Hopkins
Taschenbuch, Band 5642
ISBN 978-3-451-05642-0

Wie man besser leben kann
Der Pfad des Glücks
Hg. von Renuka Singh
Taschenbuch, Band 5606
ISBN 978-3-451-05606-2

HERDER

Dalai Lama

Der Weg zum Glück
Hg. von Jeffrey Hopkins
Band 6121
Ethisch handeln, meditativ leben, Weisheit üben – wir alle können zu unserem Glück etwas tun, denn Gelassenheit und Seelenruhe sind jedem möglich.

Perlen der Weisheit – Die schönsten Texte von Dalai Lama
Hg. von Christina Knüllig
Band 6206

Tibet – Ort der Götter, Land der Tränen
Hg. von Gilles van Grasdorff
ISBN 978-3-451-29980-3
Tibet: Dach der Welt, jahrtausendealte buddhistische Kultur, eines der faszinierendsten Länder der Erde. Gibt es Hoffnung auf eine Rettung dieser Kultur, auf Freiheit in Tibet? Der XIV. Dalai Lama, antwortet auf dringende Fragen und zeichnet die Vision eines umfassenden Friedens aus dem Geist des Mitgefühls.

Über Liebe, Glück und was im Leben wichtig ist
Buch der Antworten
Hg. von Rajiv Mehrotra
ISBN 978-3-451-30160-5
Millionen in aller Welt verehren ihn als großen Weisen unserer Zeit, als die Verkörperung der Menschlichkeit und dessen, was alle anstreben: glücklich zu sein. Er verkündet überzeugend seine Botschaft von friedlicher Zuwendung und Mitgefühl. Und er zeigt auch, wie diese Ideale praktisch zu verwirklichen sind.

HERDER

Einführung in den Buddhismus
Die Harvard Vorlesungen
Band 4946
Die unauslotbare Tiefe der buddhistischen Weisheitstradition – von einer der großen geistigen Gestalten der Gegenwart auf einzigartige Weise erschlossen.

Tag für Tag zur Mitte finden
Lesebuch durch das Jahr
Hg. von Renuka Singh
Band 5649
Kurze inspirierende Texte voller Lebenserfahrung, Weisheit und Gelassenheit, die entdecken helfen, worauf es wirklich ankommt.

Glücksregeln für den Alltag
Band 5843
Das Glück ist nicht nur für besondere Gelegenheiten da, sondern auch im Alltag zu finden, sogar bei der Arbeit. Doch wir arbeiten immer mehr und sind immer weniger glücklich. Wie lässt sich die Spirale umkehren?

Das kleine Buch vom rechten Leben
Hg. von Dirk Kron
Band 5901
In diesem Buch zeigt sich der Dalai Lama als ebenso humorvoller Beobachter wie mitfühlender Kenner unserer alltäglichen Suche nach Liebe, Mitgefühl und Toleranz.

Der Sinn des Lebens
Die Botschaft des Buddhismus
Hg. von Rajiv Mehrotra
Band 6055
In diesem Buch erläutert er dem westlichen Publikum die zentralen Elemente der Lehre Buddhas sowie die Grundübungen und Ziele der Meditation. Ein Muss für alle, die sich kompetent informieren und verstehen wollen, worin die gegenwärtige Attraktivität des Buddhismus besteht.

HERDER